DE VERDOMME HEERLIJKE RECEPTEN VOOR HET GRILLEN VAN VIS EN ZEEVRUCHTEN

100 EENVOUDIGE RECEPTEN VOOR SPECTACULAIRE RESULTATEN

Hannah van Dongen

Alle rechten voorbehouden.

Vrijwaring

De informatie in dit eBook is bedoeld als een uitgebreide verzameling strategieën waar de auteur van dit eBook onderzoek naar heeft gedaan. Samenvattingen, strategieën, tips en trucs worden alleen aanbevolen door de auteur, en het lezen van dit eBook kan niet garanderen dat iemands resultaten exact dezelfde zijn als de resultaten van de auteur. De auteur van het eBook heeft alle redelijke inspanningen geleverd om de lezers van het eBook actuele en nauwkeurige informatie te verstrekken. De auteur en zijn medewerkers kunnen niet aansprakelijk worden gesteld voor eventuele onopzettelijke fouten of weglatingen die worden gevonden. Het materiaal in het eBook kan informatie van derden bevatten. Materialen van derden omvatten meningen van hun eigenaars. Als zodanig aanvaardt de auteur van het eBook geen verantwoordelijkheid of aansprakelijkheid voor materiaal of meningen van derden.

Het eBook is copyright © 2022 met alle rechten voorbehouden. Het is illegaal om dit eBook geheel of gedeeltelijk te herdistribueren, kopiëren of er afgeleid werk van te maken. Geen enkel deel van dit rapport mag worden gereproduceerd of opnieuw verzonden in welke vorm dan ook, gereproduceerd of opnieuw verzonden in welke vorm dan ook zonder de schriftelijke uitdrukkelijke en ondertekende toestemming van de auteur.

INHOUDSOPGAVE

INHOUDSOPGAVE 3

INVOERING 7

GEGRILDE WITTE VIS 8

1. Gegrilde brasem met venkel 9
2. BBQ-beekforel 12
3. Op houtskool gegrilde forel 14
4. Krokant gegrilde meerval 16
5. Gerookte Gepekelde Forel 18
6. Viskamp Forel 20
7. Peperkorrel-Dille Mahi-Mahi 22
8. Gegrilde zeebaars met saus 24
9. Gegrilde zeebaars in maïskolven 27
10. Gegrilde spiesjes van vis 30
11. Australische gegrilde vis 33
12. Gegrilde vis met Dijon glazuur 36
13. Vistaco's met vurige pepers 38
14. Gegrilde vlinderforel 40
15. Gegrilde baars met bloedsinaasappel 43
16. Gegrilde Snoekbaarzen Met Druiven 45
17. Hoisin-gegrilde coho 47
18. Gegrilde heilbot in kokosmelk 49
19. Curry Gegrilde Pompano 52
20. Gegrilde Elf Met Morieljes 54
21. Gerookte schelvis en Tomatenchutney 56
22. Heerlijke gerookte heilbot 59
23. Tijm Gekruide Gerookte Zeebaars 62
24. Cannellini en gerookte witvisdip 65

GEGRILDE SINT-JACOBSSCHELPEN 71

27. Met appel geglazuurde spiesjes met zeevruchten 72
28. Citrus gegrilde jumbo coquilles 74

29.	HONING-CAYENNE ZEESCHELPEN	77
30.	GEGRILDE AZIATISCHE SINT-JAKOBSSCHELPEN	79
31.	GEGRILDE COQUILLES EN AVOCADO MET MAISRELISH	82
32.	GEGRILDE MISO-GEMARINEERDE COQUILLES MET HIJIKI-SALADE	85
33.	SALADE VAN GEGRILDE ZEESCHELP MET PAPAJADRESSING	87

GEGRILDE ZALM 90

34.	ALASKA BBQ-ZALM	91
35.	ANSJOVIS-GEGRILDE ZALMSTEAKS	94
36.	GEROOKTE VERSE ZALMFILETS	97
37.	GEKONFIJTE GEROOKTE ZALM MET SINAASAPPEL GEMBER RUB	99
38.	PACIFIC NORTHWEST ZALM MET CITROEN DILLE SAUS	102
39.	GEGRILDE WILD KING ZALM	104
40.	GEGRILDE ZALM MET PANCETTA	107
41.	PITTIGE KOKOSBOUILLON MET ZALM	110
42.	PAPRIKA GEGRILDE ZALM MET SPINAZIE	113
43.	ZALMFILET MET KAVIAAR	116
44.	ANSJOVIS-GEGRILDE ZALMSTEAKS	119
45.	OP DE BARBECUE GEROOKTE ZALM	122
46.	OP HOUTSKOOL GEGRILDE ZALM EN ZWARTE BONEN	124
47.	FIRECRACKER GEGRILDE ZALM UIT ALASKA	127
48.	FLASH GEGRILDE ZALM	130
49.	FETTUCCINE MET GEROOKTE ZALM	133
50.	HUISGEROOKTE ZALM	136

GEGRILDE OCTOPUS 145

54.	OP HOUTSKOOL GEGRILDE OCTOPUS MET PESTO	146
55.	GEGRILDE MUNTOCTOPUS	149
53.	SICILIAANSE GEGRILDE BABY-OCTOPUS	152

GEGRILDE TONIJN 155

54.	BAYOU GEGRILDE TONIJN	156
55.	GEROOKTE GEPEKELDE TONIJN	158
56.	GEROOKTE SAUS TONIJN	160
57.	AANGEBRADEN WASABI TONIJN	162
58.	GEGRILDE TONIJNBURGERS	164

60.	Italiaanse gegrilde tonijn	169
61.	Meloensalsa met gegrilde tonijn	172

GEGRILDE SNAPPER 175

62.	Citrus gegrilde snapper met limoenrijst	176
63.	Red Snapper met suikerkorst	179
64.	Thee gerookte snapper	181
65.	Griekse snapper op de grill	184
66.	Gegrilde red snapper burger met mangoketchup	186
67.	Lentekruid gegrilde rode snapper	189

GEGRILDE GARNALEN EN GARNALEN 192

68.	Barbecue gekruide garnalen	193
71.	Basilicum garnalen	201
72.	Gegrilde garnalen omwikkeld met spek	203
74.	Gegrilde garnalen met oregano	209
75.	Mojo Garnalen Spies Voorgerechten	211
76.	Pittige garnalen in Braziliaanse stijl	213
77.	Voorgerecht Garnalen Kabobs	215
78.	Garnalen en perzik Kabobs	217
79.	Gazpacho	220
80.	Ingelegde garnalen	223
81.	Gerookte Garnalen-Gevulde Tilapia	226
82.	Cajun gekruide Gerookte Garnalen	229
83.	Kielbasa Rookworst Garnalenmix	231
84.	Basilicum gerookte garnalen en scallop kebab	233

GEGRILDE KREEFT 235

85.	Zoete gegrilde kreeftenstaarten	236
86.	Citroenboter Kreeftenstaarten	238
87.	Zwarte lychee thee gerookte kreeft	241
88.	Gegrilde kreeft met basilicumolie	244
89.	Gegrilde kreeft met sinaasappel chipotle vinaigrette	247
90.	Gegrilde langoest met macadamianoten	251

GRILELD OESTERS 254

91.	Eenvoudige Gegrilde Oesters	255
92.	Knoflook Asiago Oesters	257
93.	Wasabi Oesters	259
94.	Gekruide Gerookte Oesters	261
95.	Oesters en scheermessen	263
96.	Eenvoudige Gegrilde Oesters	265

GEGRILDE SARDINES 267

97.	Stoofpotje van gegrilde sardientjes	268
98.	Gevulde Sardines	271
99.	Gevulde Makreel	274
100.	Gezouten ansjovis of sardines	276

CONCLUSIE 278

INVOERING

We weten, we weten dat als je gaat koken, je gegrilde hamburgers en hotdogs verwacht, misschien zelfs wat BBQ-ribs of gegrilde groenten. Maar stel je eens voor: een heerlijke, citrusachtige, delicate vis- of schaaldierengrill naast die klassiekers. Van garnalen en sint-jakobsschelpen tot zalm en kabeljauw, met alles van kreeft tot zwaardvis ertussenin, letterlijk alles mag als het gaat om het grillen van zeevruchten.

Er zijn een paar vaste regels die ervoor zorgen dat uw gegrilde zeevruchten absoluut het beste tot hun recht komen. Het moeilijkste van het grillen van vis is ervoor te zorgen dat de schilferige schil niet aan je grill blijft plakken. Een paar tips: Vet eerst je grillroosters grondig in met een doek of keukenpapier gedrenkt in plantaardige olie (gebruik er een met een hoog rookpunt, bekijk onze gids voor bakolie voor meer informatie) voordat je de vis toevoegt. Zorg er vervolgens voor dat je op een hoog vuur kookt (400°-450°), en als je vis eenmaal op de grill ligt, raak hem dan niet aan totdat de schil knapperig is.

GEGRILDE WITTE VIS

1. Gegrilde brasem met venkel

Opbrengst: 1 portie

Ingrediënten

- 4 filets brasem
- Olijfolie om te poetsen
- 10 sjalotten; geschild, gesegmenteerd
- 4 Wortelen; fijn gesegmenteerd
- 1 Hele venkel; klokhuis, gehalveerd
- 2 Snufjes saffraan
- Zoete witte wijn
- 1-pint Visbouillon
- 1-pint dubbele room
- Een sinaasappel; sap van
- 1 bosje Koriander; fijn in blokjes gesneden

Routebeschrijving

a) Kook de wortelen, sjalotten, venkel en saffraan in olijfolie zonder te kleuren gedurende 3-4 minuten. Bedek de groenten voor driekwart met de wijn en laat ze volledig inkoken.

b) Voeg de visbouillon toe en reduceer deze met een derde. Controleer de wortelen tijdens het inkoken en als ze net gaar zijn, zeef dan de vloeistof uit de groenten en doe de vloeistof terug in de pan om verder in te korten. Zet de groenten apart.

c) Voeg de room toe aan de reducerende vloeistof en laat inkoken om iets in te dikken. Bestrijk de brasemfilets met olijfolie en bak ze met de huid naar beneden.

d) Voeg het sinaasappelsap toe aan de gereduceerde bouillon en doe de groenten terug in de pan. Kruid en serveer bij de vis.

2. BBQ-beekforel

Opbrengst: 1 portie

Ingrediënten

- ¼ kopje gele mosterd
- ¼ kopje chilisaus
- 2 eetlepels Bruine suiker
- 1 theelepel zout
- 1 Gehakte ui
- 1 theelepel Worcestershiresaus
- 4 Gereinigde forel

Routebeschrijving

a) Meng mosterd, chilisaus, bruine suiker, zout, ui en Worcestershire in een kleine steelpan; 10 minuten sudderen.

b) Leg de vis in een goed ingevette scharnierende draadgrill; bestrijk met saus.

c) Grill 8 minuten aan elke kant, af en toe bedruipen.

3. Op houtskool gegrilde forel

Opbrengst: 4 porties

Ingrediënten

- 4 (10-oz) forel
- ½ kopje Mayonaise
- 1 grote tomaat; gesegmenteerd
- 4 Citroenen; gesegmenteerd
- 2 uien; gesegmenteerd

Routebeschrijving

a) Licht grillen en kolen laten afbranden. Maak de forel schoon en laat de koppen erop. Smeer mayonaise op de binnenkant van de forel. Plaats gesegmenteerde tomaten in forel

b) Open de visgrill en plaats de halve gesegmenteerde uien en citroenen, forel en de rest van de uien en citroenen. Sluit de visgrill.

c) Leg ze 15 minuten op een rotisserie of bak ze 6 tot 7 minuten aan één kant en draai ze 5 tot 6 minuten om

d) Serveer met dillesaus of een andere favoriete saus. Bij afwezigheid van een visgrill kunnen de citroenen en uien direct op de houtskoolgrill geplaatst worden

4. Krokant gegrilde meerval

Opbrengst: 1 portie

Ingrediënten

- 4 Hele meervallen
- ½ kopje boter; gesmolten
- ¾ kopje fijngemalen crackerkruimels
- 1 theelepel gekruid zout
- ½ theelepel selderijzout
- ½ theelepel Knoflookzout

Routebeschrijving

a) Meng de crackerkruimels en kruiden in een ondiepe schaal.

b) Dompel elke vis in gesmolten boter en rol ze vervolgens door gekruide kruimels.

c) Plaats vis op een geolied rek, 10 cm boven hete kolen. Bak 8 tot 10 minuten per kant, draai een keer voorzichtig.

5. Gerookte Gepekelde Forel

Ingrediënten:

- 2 hele forel (vers, met schil, speldenbotten verwijderd)
- 3 kopjes verse vispekel

Routebeschrijving:

a) Doe de forel in een afsluitbare plastic bak en giet in de bak Verse vis Pekel
b) Breng de filet over naar een grillplaat met antiaanbaklaag en plaats deze 1 minuut in de rookoven
c) Ga door met roken totdat de interne hij van de tonijn stijgt tot 145°F
d) Haal ze uit de rookoven en laat 5 minuten rusten
e) Serveer en geniet

6. Viskamp Forel

Ingrediënten:

- 4 kleine hele forellen, schoongemaakt
- 4 reepjes spek
- 4 takjes verse tijm
- 1 citroen
- zout en peper naar smaak

Routebeschrijving:

a) Olieroosters en pelletgrill voorverwarmen. Bak het spek uit, zodat het begint te koken, maar nog zacht is. Spoel de forel af en dep droog met keukenpapier.

b) Leg in elke vis een takje tijm. Wikkel elke forel in een reepje spek en zet vast met een tandenstoker.

c) Leg de forel op de pelletgrill of in een geoliede grillmand en grill 5-7 minuten per kant, afhankelijk van de grootte van de forel. De forel is gaar als het vlees in het midden ondoorzichtig wordt en gemakkelijk uit elkaar valt.

d) Knijp een beetje vers citroensap over elke vis en serveer.

7. Peperkorrel-Dille Mahi-Mahi

Ingrediënten:

- 4 mahi-mahi filets
- ¼ kopje gehakte verse dille
- 2 eetlepels vers geperst citroensap
- 1 eetlepel gemalen zwarte peperkorrels
- 2 theelepels gehakte knoflook
- 1 theelepel uienpoeder
- 1 theelepel zout
- 2 eetlepels olijfolie

Routebeschrijving:

a) Snijd de filets indien nodig bij en verwijder eventuele zichtbare rode bloedlijn. Het zal je geen pijn doen, maar de meer robuuste smaak kan snel de rest van de filet doordringen.
b) Klop in een kleine kom de dille, het citroensap, de peperkorrels, de knoflook, het uienpoeder en het zout door elkaar om een smaakmaker te maken.
c) Wrijf de vis in met de olijfolie en breng de kruiden overal aan. Vet het grillrooster of een anti-aanbakgrillmat of geperforeerde pizzazeef in.
d) Leg de filets op het rookrek en rook gedurende 1 tot 1½ uur.

8. Gegrilde zeebaars met saus

Opbrengst: 4 porties

Ingrediënt

- 4 kleine hele zeebaars
- 4 eetlepels olijfolie; verdeeld
- essence
- ½ kopje gesnipperde uien
- 1 kop geschild; gezaaide, gehakte romatomaten
- ⅓ kopje ontpitte zwarte olijven
- 1 kop verse tuinbonen; geblancheerd, geschild
- 1 eetlepel gehakte knoflook
- 2 theelepels gehakte ansjovisfilets
- 1 eetlepel fijngehakte verse peterselie
- 1 eetlepel gehakte verse basilicum
- 1 eetlepel gehakte verse tijm
- 1 eetlepel gehakte verse oregano
- ½ kopje witte wijn
- 1 stok boter; in eetlepels gesneden
- 1 zout; proeven
- 1 versgemalen zwarte peper; proeven
- 2 eetlepels fijngehakte peterselie

a) Verwarm de gril voor. Maak met een scherp mes drie schuine strepen over elke vis. Wrijf elke vis in met 2 eetlepels olijfolie en breng op smaak met Emeril's Essence. Leg de vis op de hete grill en gril 4 tot 5 minuten aan elke kant, afhankelijk van het gewicht van elke vis. Verhit in een hapjespan de resterende olijfolie. Als de olie heet is, fruit de uien 1 minuut. Voeg de tomaten, zwarte olijven en tuinbonen toe. Kruid met peper en zout. Sauteer gedurende 2 minuten.

b) Roer de knoflook, ansjovis, verse kruiden en witte wijn erdoor. Breng de vloeistof aan de kook en breng aan de kook. Laat 2 minuten sudderen.

c) Spatel de boter erdoor, lepel voor lepel.

9. Gegrilde zeebaars in maïskolven

Ingrediënten:

- 2 oren verse maïs
- 2 pond basfilets met kleine mond, in vier stukken gesneden
- 4 eetlepels ongezouten boter, in blokjes gesneden
- Sap van 1 citroen (ongeveer 3 eetlepels)
- Zout en versgemalen zwarte peper
- Citroenpartjes

a) Verwarm de gril voor.

b) Schil voorzichtig de maïskolven en zet apart. Trek alle zijde van elke kolf.

c) Houd de kolven rechtop, snijd met een scherp mes naar beneden en snij de maïs in rijen af. Gooi de kolven weg en leg de gesneden maïs opzij.

d) Spreid uit en druk twee of drie kafjes per filet plat. Strooi een laag maïs op de bladeren en leg een filet haaks op de kaf, één bovenop elk "pakket".

e) Bedek de filets met de resterende maïs. Bestrijk de mais met de stukjes boter.

f) Sprenkel het citroensap over elke filet en breng op smaak met zout en peper.

g) Vouw de kaf aan alle kanten over de bovenkant van de pakketjes (om een envelop te vormen) en zet vast met tandenstokers.

h) Leg ongeveer 6 minuten op de grill; keer voorzichtig om met een spatel en kook 6 minuten langer, of tot de kaf licht verkoold is.

i) Serveer direct met de partjes citroen.

10.   Gegrilde spiesjes van vis

Opbrengst: 4 porties

Ingrediënten

- 1 pond stevige witvis
- 1 theelepel zout
- 6 teentjes knoflook
- 1½ inch verse gemberwortel
- 1 eetlepel Garam masala
- 1 eetlepel gemalen koriander
- 1 theelepel cayennepeper
- 4 ons gewone yoghurt
- 1 eetlepel Plantaardige olie
- 1 Citroen
- 2 hete groene chilipepers

Routebeschrijving

a) Visfilet en huid en vervolgens in blokjes van 11/2 inch gesneden. Leg ongeveer 5 stukjes op elke spies en besprenkel met zout.

b) Maak een pasta van de knoflook, gember, kruiden en yoghurt en gebruik deze om de vis mee te bedekken. Laat een paar uur staan en gril dan.

c) Indien nodig kunnen de spiesen tijdens het koken met een beetje olie worden besprenkeld. Garneer met de in partjes gesneden citroen en fijne ringen van groene chilipeper zonder zaadjes.

11. Australische gegrilde vis

Opbrengst: 4 porties

Ingrediënten

- 4 Vissteaks
- ¼ kopje limoensap
- 2 eetlepels Plantaardige olie
- 1 theelepel Dijon-mosterd
- 2 theelepels verse gemberwortel, geraspt
- ¼ theelepel cayennepeper
- Zwarte peper

Routebeschrijving

a) Meng in een gerecht het limoensap, 1 eetlepel olie, gember, cayennepeper en voldoende versgemalen zwarte peper naar eigen smaak.

b) Marineer de vis 45-60 minuten in de pekel. Draai de steaks 2-3 keer om.

c) Zet de grill klaar met witte kolen en bestrijk de grill met de resterende eetlepel olie.

d) Grill de vis, meerdere keren bestrijkend met de pekel, tot hij gaar en in het midden ondoorzichtig is. Draai de vis na ongeveer 4-5 minuten om.

e) De totale grilltijd is afhankelijk van uw grill en de hitte van de kolen.

12. Gegrilde vis met Dijon glazuur

Opbrengst: 4 porties

Ingrediënten

- 4 Visfilets of steaks; 7 ons
- ¼ kopje Citroenkruid Dijon Glaze
- ½ kopje droge witte wijn
- Vers kruid; voor garnering

Routebeschrijving

a) Verwarm tot 500 graden.

b) Verwarm de pan op hoog vuur, tot hij heel heet is.

c) Terwijl het aan het opwarmen is, strijk je het glazuur over alle oppervlakken van de vis, vooral al het vlees.

d) Om te grillen: plaats vis op de grill en kook, slechts één keer roterend (gedurende 5 minuten per inch). Haal de vis uit de grill of van de grill en verplaats hem onmiddellijk naar een verwarmde Portieschaal of verwarmde individuele borden. Voeg wijn toe aan de pan en kook op middelhoog vuur, onder voortdurend roeren tot de saus met de helft is ingekookt. Om te grillen, kook wijn en 1 eetlepel Dijon glazuur in een kleine pan. Giet over de vis, garneer met verse kruiden en serveer direct.

**13.		Vistaco's met vurige pepers**

Ingrediënten:

- 1 (16-ounce) doos bereide zoete koolsalade
- 1 kleine rode ui, gesnipperd
- 1 poblano peper, fijngesneden
- 1 jalapeño peper, fijngesneden
- 1 serranopeper, fijngesneden
- $\frac{1}{4}$ kopje gehakte verse koriander
- 1 eetlepel gehakte knoflook
- 2 theelepels zout, verdeeld
- 2 theelepels versgemalen zwarte peper, verdeeld
- 1 limoen, gehalveerd
- 1-pond kabeljauw zonder vel, heilbot of andere witte vis (zie tip)
- 1 eetlepel olijfolie, plus meer om het rooster in te vetten
- Meel- of maïstortilla's
- 1 avocado, dun gesneden

Routebeschrijving:

a) Pers de ene helft van de limoen uit en snijd de andere helft in partjes. Wrijf de vis rondom in met het limoensap en de olijfolie.

b) Kruid de vis en plaats de vis op het rookrek en rook gedurende 1 tot $1\frac{1}{2}$ uur

14.   Gegrilde vlinderforel

Ingrediënten:

- 3 eetlepels arachideolie
- 1 kop dun gesneden shiitake
- 6-8 teentjes knoflook, fijngehakt
- 1-2 serrano chilipepers, zonder zaadjes, zonder darmen
- 1 kop geraspte witte kool
- 1 kleine wortel, geschild en julienne gesneden
- ½ kopje vis- of kippenbouillon
- ¼ kopje natriumarme sojasaus
- Sap van 1 citroen (ongeveer 3 eetlepels)
- 1 vlinderforel (2 pond)
- 1 theelepel verse oregano
- 1 theelepel zout
- 1 theelepel versgemalen zwarte peper
- Gekookte witte rijst

a) Verhit 2 eetlepels olie in een grote koekenpan of wok op middelhoog vuur. Roerbak de champignons, knoflook en chilipepers gedurende 3 tot 4 minuten; voeg de kool en wortel toe en roerbak 4 tot 5 minuten langer, tot de groenten goed verwarmd zijn.

b) Giet de bouillon erbij en reduceer met een derde, ongeveer 5 minuten. Voeg de sojasaus toe, roer en zet het vuur laag om warm te blijven.

c) Sprenkel de resterende 1 eetlepel olie en het citroensap over de gevlinderde vis en breng op smaak met de oregano en het zout en peper.

d) Zet de gekruide vis vast in een mand van draadgaas. Leg de mand op de grill en bak 4 tot 5 minuten; draai en kook 5 minuten langer, of tot het vlees ondoorzichtig is.

e) Haal de vis uit de mand; verdeel het in twee. Serveer en schep de verwarmende saus erover. Serveer direct met de witte rijst.

15. Gegrilde baars met bloedsinaasappel

Ingrediënten:

- 2 pond baarsfilets (4 tot 8 filets, afhankelijk van de grootte)
- Sap van ½ sinaasappel (ongeveer 4 eetlepels)
- 1 eetlepel pure ahornsiroop
- ½ theelepel zeezout
- Gehakte lente-uitjes voor garnering
- Bloedsinaasappelsalade
- Gekookte bulgur of Alkmaarse gort

a) Combineer de filets, het sinaasappelsap, de ahornsiroop en het zout in een kom. Dek af en zet 30 minuten in de koelkast.

b) Verwarm een gril voor.

c) Haal de filets uit de container, dep ze droog en leg ze op een geoliede grill. Kook gedurende 3 tot 4 minuten. Draai en kook 4 minuten langer, of tot de filets stevig aanvoelen.

d) Garneer met lente-uitjes. Serveer direct met Bloedsinaasappelsalade en bulgur.

16. Gegrilde Snoekbaarzen Met Druiven

Ingrediënten:

- 1½ tot 2 pond snoekbaarzenfilets
- 2½ kopjes ruige manen
- ½ kopje bevroren wit druivensap
- ½ kopje likeur met sinaasappelsmaak
- 4 eetlepels ongezouten boter
- 1 kopje boldruiven, in tweeën gesneden
- 2 eetlepels versgemalen zwarte peper
- Zeste van 1 sinaasappel

a) Bestrijk de grill en de huidzijde van de filets met olie. Kook de filets 4 tot 5 minuten. Draai en kook 3 tot 4 minuten langer, of tot het vlees stevig aanvoelt. Breng over naar de warmhoudplaat en houd warm.

b) Ondertussen, om de saus te maken, bak de champignons in de boter in een niet-reactieve pan tot de champignons zacht zijn. Voeg het druivensap en de likeur toe. Verhoog het vuur tot middelhoog en kook 5 tot 6 minuten, of tot de vloeistof met ongeveer een derde is ingekookt.

c) Voeg de druiven en peper en ½ van de schil toe en schep 1 tot 2 minuten om.

d) Verdeel de snoekbaars in vier stukken. Schep de saus op vier borden en leg de filets erop.

e) Garneer met de rest van de sinaasappelschil en serveer direct.

17.   Hoisin-gegrilde coho

Ingrediënten:

- Zest van 1 citroen en sap van ½ citroen
- ¼ kopje natriumarme sojasaus
- 2 eetlepels gekraakte zwarte peperkorrels
- 2 pond cohofilets
- ½ kopje hoisinsaus
- Gehakte bieslook voor garnering
- Gehakte rode peper voor garnering

a) Klop de citroenschil en -sap, sojasaus en peperkorrels in een kleine kom door elkaar.

b) Giet de marinade over de filets en zet 30 minuten in de koelkast.

c) Verwarm een gril voor.

d) Haal de filets uit de marinade, laat uitlekken en dep ze droog. Borstel met een rijgborstel de helft van de hoisinsaus aan beide kanten van de coho.

e) Leg de filets direct boven het vuur en kook ze 4 minuten. Bestrijk met de resterende saus en draai om. Kook nog 4 minuten, of tot het licht zacht aanvoelt. Grill vis korter voor zeldzaam, langer voor doorbakken.

f) Verdeel de vis over vier borden, garneer met bieslook en rode pepers en serveer direct.

18. Gegrilde heilbot in kokosmelk

Ingrediënten:

- 4 heilbotsteaks, 1 inch dik, ongeveer 2 pond
- 1 eetlepel plantaardige olie
- 4-6 teentjes knoflook, fijngehakt
- ¼ kopje fijngehakte verse gember
- ¼ kopje fijngehakte jalapeño pepers
- 1-2 ansjovisfilets, in stukjes
- ¾ kopje kippenbouillon
- ½ kopje kokosmelk, ongezoet
- 1/3 kopje tomatensaus
- ¼ kopje donkere sojasaus
- Vers gemalen zwarte peper
- ½ tomaat, in blokjes gesneden
- 1 eetlepel pure ahornsiroop
- 2 kopjes rijstnoedels
- 1 eetlepel sesamolie
- 6-8 grote lente-uitjes
- Citroenpartjes

a) Grill de heilbot op een geolied rooster ongeveer driekwart van de gewenste tijd, 3 tot 4 minuten per kant.

b) Verhit olie in een grote pan of wok en fruit de knoflook, gember, jalapeño pepers en ansjovis op middelhoog vuur gedurende 3 tot 4 minuten.

c) Voeg de bouillon, kokosmelk, tomatensaus, sojasaus en zwarte peper naar smaak toe; laat op middelhoog vuur 7 tot 8 minuten sudderen, of tot de helft is verminderd. Voeg de in blokjes gesneden tomaat toe en laat nog 3 tot 4 minuten sudderen.

d) Bak de noedels in de sesamolie tot ze warm zijn. Voeg ongeveer een derde van de saus uit de pan toe en meng door elkaar.

e) Leg de warme gegrilde heilbotsteaks in de pan met de resterende saus, schep de saus over de steaks en keer ze om.

f) Strooi de lente-uitjes over de heilbot en serveer met de noedels en partjes citroen.

19. Curry Gegrilde Pompano

Ingrediënten:

- 1 eetlepel olijfolie
- 1 middelgrote ui, fijngehakt (ongeveer 1 kop)
- 4-5 teentjes knoflook, fijngehakt
- 1 eetlepel fijngehakte laos (of gember)
- ½ kopje lichte kokosmelk
- 2 stengels citroengras, gekneusd (of 2 brede reepjes citroenschil)
- 1 theelepel chilipoeder (of hete saus naar smaak)
- 1 theelepel kerriepoeder
- 1 theelepel gemalen kurkuma
- ½ theelepel gemalen kaneel
- 1½ pond pompanofilets, ongeveer 1 inch dik
- Sap van ½ citroen (ongeveer 1½ eetlepel)
- Citroenpartjes

a) Verhit de olie in een grote koekenpan op middelhoog vuur. Fruit de ui, knoflook en laos 3 tot 4 minuten.

b) Voeg de kokosmelk, citroengras, chilipoeder, kerriepoeder, kurkuma en kaneel toe. Kook ongeveer 5 minuten, of tot de vloeistof met een derde is ingekookt. Zet het vuur laag.

c) Verwarm een gril voor.

d) Leg de filets op een geoliede grill, sprenkel het citroensap erover en kook 4 tot 5 minuten. Draai en kook 4 tot 5 minuten langer, of tot de vis stevig aanvoelt.

e) Haal de filets van de grill, schep de warme saus erover, verdeel in vier porties en serveer direct met de partjes citroen.

20.   Gegrilde Elf Met Morieljes

Ingrediënten:

- 2 eetlepels ongezouten boter
- 1 theelepel olijfolie
- 2 kopjes morieljes, schoongemaakt en in plakjes gesneden
- ½ theelepel zeezout
- 1 eetlepel versgemalen zwarte peper
- 1 eetlepel cognac
- 1 shadfilet zonder botten, ongeveer 1 pond

a) Smelt de boter in een middelgrote pan op middelhoog vuur. Voeg de olie toe en bak de morieljes, zout en peper 8 tot 10 minuten (12 tot 15 minuten indien groot), afgedekt.

b) Ontdek, voeg de cognac toe, indien gebruikt, en reduceer met ongeveer een derde, 2 tot 3 minuten. Zet het vuur uit, maar houd warm op laag vuur.

c) Leg de filet op een geoliede grill. Kook 4 tot 5 minuten; draai en kook 4 tot 5 minuten langer, of tot de vis ondoorzichtig is. Verdeel in tweeën en verdeel over twee warme borden. Schep de morieljes ernaast.

21.	Gerookte schelvis en Tomatenchutney

Ingrediënten:

- 3 x 175 g gerookte schelvisfilets
- 30 kleine kant-en-klare taartvormpjes

Rarebit

- 325g sterke Cheddar kaas
- 75 ml melk
- 1 eigeel
- 1 heel ei
- 1/2 eetlepel mosterdpoeder
- 30 g bloem
- 1/2 theelepel Worcestersaus, Tabascosaus
- 25 g vers wit broodkruim
- kruiden

Tomatenchutney

- 15 g wortel gember
- 4 rode pepers
- 2 kg rode tomaten
- 500 g appels, geschild en in stukjes
- 200 g rozijnen
- 400 g gesnipperde sjalotten
- Zout
- 450 g bruine suiker
- 570 ml moutazijn

Routebeschrijving

a) Kruid de schelvis goed en plaats in de oven met een beetje olijfolie en kook ongeveer 5-6 minuten.

b) Rasp de kaas en voeg toe aan de pan met de melk en verwarm zachtjes in een pan tot deze is opgelost, haal van het vuur en laat afkoelen.
c) Voeg het hele ei en de dooier, mosterd, paneermeel en een scheutje Worcester en Tabasco toe, breng op smaak en laat afkoelen.
d) Schil de schelvis om eventuele botten te verwijderen en leg de chutney op de bodem van de taartjes, bedek met de in vlokken gesneden vis. Verwarm de grill voor op hoog vuur en bedek de schelvis met de rarebit en plaats onder de grill tot de bovenkant goudbruin is.
e) Haal de schelvis van de grill en serveer meteen.

22. Heerlijke gerookte heilbot

Serveert 6

Ingrediënten:

- 4 (6-ounce/170 g) heilbotsteaks
- 1 kopje extra vergine olijfolie
- 2 theelepels koosjer zout
- 1 theelepel versgemalen zwarte peper
- ½ kopje mayonaise
- ½ kopje zoete augurk relish
- 1 kop fijngehakte zoete ui
- 1 kop gehakte geroosterde rode paprika
- 1 kop fijngehakte tomaat
- 1 kop fijngehakte komkommer
- 2 eetlepels Dijon-mosterd
- 1 theelepel gehakte knoflook

a) Wrijf de heilbotsteaks in met olijfolie en bestrooi ze aan beide kanten met peper en zout. Leg op een bord, dek af met plasticfolie en zet 4 uur in de koelkast.

b) Voorzie uw roker van houtpellets en volg de specifieke opstartprocedure van de fabrikant. Verwarm, met het deksel gesloten, voor op 200 °F (93 °C).

c) Haal de heilbot uit de koelkast en wrijf in met de mayonaise.

d) Leg de vis direct op het grillrooster, sluit het deksel en rook gedurende 2 uur, of tot de vis ondoorzichtig is en een thermometer die direct afleesbaar is in de vis 60 °C aangeeft.

e) Terwijl de vis rookt, combineer je de augurksaus, ui, geroosterde rode paprika, tomaat, komkommer, Dijon-mosterd en knoflook in een middelgrote kom. Koel de mosterdrelish tot het klaar is om te serveren.

f) Serveer de heilbotsteaks warm met de mosterdsaus.

23. Tijm Gekruide Gerookte Zeebaars

Serveert 4

Ingrediënten:

Marinade

- 1 theelepel Blackened Saskatchewan
- 1 eetlepel Tijm, vers
- 1 eetlepel Oregano, vers
- 8 teentjes knoflook, geplet.
- 1 citroen, het sap
- 1 kopje olie Zeebaars
- 4 Zeebaarsfilets, zonder vel

Kip Rub Sesoning

- Zeevruchtenkruiden (zoals Old Bay)
- 8 eetlepels Goudboter

Voor garnering:

- Tijm
- Citroen

a) Maak de marinade: combineer de ingrediënten in een Ziploc-zak en meng. Voeg de filets toe en marineer 30 min in de koelkast. Draai een keer.
b) Verwarm de grill voor op 325F met gesloten deksel.
c) Voeg in een bakvorm de boter toe. Haal de vis uit de marinade en giet deze in de ovenschaal. Kruid de vis met kip

en zeevruchten rub. Leg het in de ovenschaal en op de grill. Kook 30 minuten. Rijg 1 - 2 keer.
d) Verwijder van de grill wanneer de interne temperatuur 160F is.
e) Garneer met schijfjes citroen en tijm.

24.   Cannellini en gerookte witvisdip

Opbrengst: 1 portie

Ingrediënten

- 2 sneetjes Wit sandwichbrood; korstjes verwijderd
- ⅔ kopje Melk (vetvrij) of melkvervanger
- 1 blik cannellinibonen; uitgelekt en gespoeld
- 1 pond Gerookte witvis
- 1 theelepel Gehakte verse knoflook
- 1 theelepel Fijn geraspte citroenschil
- 2 eetlepels Gehakte verse kruiden
- Zout en versgemalen peper
- Gebottelde hete pepersaus

a) Week het brood een paar minuten in melk.
b) Voeg bonen, witvis, knoflook en rasp toe aan een keukenmachine. Puls om grof te hakken. Voeg geweekt brood en melk toe en verwerk tot een gladde massa. Pulse in kruiden en breng op smaak met zout, peper en druppels pepersaus.
c) Bewaar afgedekt en gekoeld tot 5 dagen.

25. Warmgerookte vis

Ingrediënten

- 2 eetlepels donkerbruine suiker
- 2 eetlepels koosjer zout
- $\frac{1}{2}$ theelepel versgemalen zwarte peper
- $\frac{1}{2}$ theelepel Franse gemalen rode chilipeper
- 2 pond huid-op zalm

a) Combineer de suiker, het zout, de peper en de chilipeper, indien gebruikt, in een kleine kom. Droog de vis goed af en wrijf hem in met de kruiden. Laat het, onbedekt, 30 minuten in de koelkast staan.
b) Verwarm de grill voor en bereid je houtsnippers of zaagsel voor.
c) Wanneer de grill klaar is om te roken, rookt u de vis tot de interne temperatuur 140 ° F (60 ° C) bereikt; de timing hangt af van de dikte van de vis, maar begin na 1 uur met controleren.
d) Als je geen thermometer gebruikt, prik dan in het dikste deel van de vis; het moet schilferen en ondoorzichtig lijken.
e) Laat de vis een beetje afkoelen voordat je hem serveert.

26.   **Gezouten en gedroogde kabeljauw**

Ingrediënten

- 2 pond kabeljauwfilets, ½-¾ inch dik
- 2 pond koosjer zout

a) Bedek de bodem van een omrande ovenschaal (groot genoeg om de vis in een enkele laag te houden) met voldoende zout zodat je niet door de bodem kunt kijken. Leg de visfilets erop, zonder elkaar aan te raken, in een enkele laag. Giet zout over de bovenkant van de vis om hem volledig te begraven en druk zachtjes op het zout om ervoor te zorgen dat de hele vis bedekt is.

b) Plaats de vis in de koelkast en laat hem 4 dagen in het zout uitharden, onbedekt, of totdat hij stijf en uitgehard aanvoelt. Controleer de vis door een stuk bloot te leggen en te voelen op het dikste deel.

c) Haal de vis uit het zout, maar bewaar al het zout dat van nature aan het oppervlak blijft kleven. Gooi het resterende zout in de schaal weg.

d) het is tijd om de vis te drogen. Ik raad je aan dit in een voedseldroger te doen, omdat het proces lang duurt. Droog de vis op 60 °C tot hij keihard is, ongeveer 3 dagen, en draai hem om de 12 uur of zo.

e) laat de bacalao voor het serveren 24 uur weken in voldoende koud kraanwater om hem volledig te bedekken en ververs het water om de 8 uur. Giet de vis af en dep hem droog voordat je hem kookt.

GEGRILDE Sint-Jacobsschelpen

27. Met appel geglazuurde spiesjes met zeevruchten

Opbrengst: 6 portie

Ingrediënten

- 1 blik appelsapconcentraat
- 1 eetlepel ELKE boter en Dijon-mosterd
- 1 grote zoete rode paprika
- 6 segmenten Spek
- 12 Zeeschelpen
- 1 pond Gepelde, ontdarmde garnalen (ongeveer 36)
- 2 eetlepels In blokjes gesneden verse peterselie

Routebeschrijving

a) Kook het appelsapconcentraat in een diepe, zware pan op hoog vuur gedurende 7-10 minuten of tot het is ingekookt tot ongeveer ¾ kopje. Haal van het vuur, klop de boter en de mosterd erdoor tot een gladde massa. Opzij zetten. Snijd de paprika doormidden. Verwijder de zaadjes en het steeltje en snijd de paprika in 24 stukken. Snijd de plakjes bacon overdwars doormidden en wikkel elke coquille in een stuk spek.

b) spies peper, sint-jakobsschelpen en garnalen afwisselend op 6 spiesen. Leg de spiesjes op de geoliede barbecuegrill. Grill 2-3 minuten op middelhoog vuur, bedruip met appelsapglazuur en draai vaak, totdat de sint-jakobsschelpen ondoorzichtig zijn, de garnalen roze en de peper zacht is. Serveer besprenkeld met peterselie.

28. Citrus gegrilde jumbo coquilles

Opbrengst: 4 porties

Ingrediënten

- Gesmolten boter, indien nodig
- Verse peterselie, in blokjes gesneden
- 12 Jumbo Sint-jakobsschelpen, gehalveerd
- 1 kopje water
- ¼ Citroen, geperst
- 1 kopje Chardonnay
- 1 eetlepel Boter
- 2 theelepels Honing
- snufje zout
- ½ Teentje knoflook, in blokjes gesneden
- Maïszetmeel, opgelost in water

Routebeschrijving

a) Meng in een kleine steelpan water, wijn, sap, boter, honing met paprika en knoflook.

b) Plaats op matig vuur; reduceer tot bijna de helft, roer regelmatig. Voeg de maizena-oplossing toe tot dik naar smaak.

c) Haal uit het vuur; blijf warm.

d) Grill de sint-jakobsschelpen boven hete kolen en bestrijk ze regelmatig met gesmolten boter. Kook naar smaak. Haal de sint-jakobsschelpen van de grill.

e) Leg op elk bord 6 coquillehelften. Giet de citrussaus over de sint-jakobsschelpen en garneer met peterselie.

29. Honing-Cayenne Zeeschelpen

Ingrediënten:

- ½ kopje (1 stok) boter, gesmolten
- ¼ kopje honing
- 2 eetlepels gemalen cayennepeper
- 1 eetlepel bruine suiker
- 1 theelepel knoflookpoeder
- 1 theelepel uienpoeder
- ½ theelepel zout
- 20 zeeschelpen (ongeveer 2 pond)

Routebeschrijving:

a) Klop in een kleine kom de boter, honing, cayennepeper, bruine suiker, knoflookpoeder, uienpoeder en zout door elkaar.
b) Leg de sint-jakobsschelpen in een wegwerpbare braadpan van aluminiumfolie en giet de gekruide honingboter erover.
c) Zet de pan op het rookrek en rook de sint-jakobsschelpen ongeveer 25 minuten, tot ze ondoorzichtig en stevig zijn en de interne rooktemperatuur 130 ° F aangeeft.
d) Haal de sint-jakobsschelpen uit Preferred Wood Pellet en serveer warm.

30. Gegrilde Aziatische Sint-jakobsschelpen

Opbrengst: 4 porties

Ingrediënt

- 2 pond Zeeschelpen; gespoeld en gedroogd
- ¼ kopje Appelcider
- ¼ kopje lichte sojasaus
- ¼ kopje balsamicoazijn
- ½ ons Sesamolie
- 2 stengels lente-uitjes; fijn gehakt
- 2 eetlepels verse gemberwortel; fijngehakt
- 1 eetlepel Hoisinsaus
- 1 grote teen knoflook; fijngehakt
- 1 middelgrote jalapeño; fijngehakt
- 1 theelepel Hete pepervlokken
- ½ theelepel Witte peper
- 1 scheutje koosjer zout

a) Klop voor de marinade alle natte en droge ingrediënten tot ze gemengd zijn, voeg groene uien toe. Doe de sint-jakobsschelpen in een grote plastic opbergzak, giet de marinade over de sint-jakobsschelpen. Zet 4 uur in de koelkast.

b) Haal de sint-jakobsschelpen uit de plastic zak en leg ze op keukenpapier om de marinade af te drogen voordat je de grill aansteekt. Plaats houtskool in een piramidevorm en steek aan met een aanstekervloeistof, een elektrische starter of een schoorsteenstarter. Wacht tot kolen grijs zijn en verspreid in een enkele laag voor de directe warmtemethode.

c) Spuit het rooster in met antiaanbakspray en laat het rooster boven de hete kolen opwarmen (hoe heter het rooster, hoe kleiner de kans dat het eten blijft plakken). Leg de sint-jakobsschelpen op het rooster of gebruik voor het beste resultaat een ingevette groente- en visgrillmand.

d) De manden zijn verkrijgbaar bij de meeste warenhuizen buiten vrijetijdsafdelingen. Grill 3 minuten, bedruip met marinade en draai, grill 2-3 minuten, bedruip opnieuw met marinade tot het gaar is. Sint-jakobsschelpen koken heel snel, het duurt in totaal niet meer dan 6 minuten kooktijd.

31. Gegrilde coquilles en avocado met maisrelish

Opbrengst: 1 porties

Ingrediënt

- 8 Haas-avocado's; geschild, gezaaid en gepureerd
- 4 Maïskolven; geblancheerd; op houtskool gegrild
- 1 theelepel Korianderpoeder
- 1 theelepel Komijnpoeder
- 2 Rode uien; fijn in blokjes gesneden
- 6 Pruimtomaten; gezaaid en in blokjes gesneden
- 1 bosje Koriander; bladeren alleen, fijn; gehakt
- 3 Citroenen; sap van, tot 4
- 6 eetlepels Goede olijfolie
- Zout en gemalen zwarte peper
- 1 pak Supermarkt kocht bloemtortilla's
- $\frac{1}{4}$ pint maïsolie
- Zout en gemalen zwarte peper

a) Tortilla gegarneerd met corn relish: Combineer alle ingrediënten. Niet in een keukenmachine plaatsen. Het moet grof zijn. Breng op smaak.
b) Tortilla: Scheur elke tortilla in vijf gekartelde stukken. Snijd niet in nette driehoeken. Bak in hete olie goudbruin en krokant, laat uitlekken op keukenpapier.
c) Breng op smaak en zet opzij in een luchtdichte plastic container tot klaar voor gebruik.

d) Sint-jakobsschelp: 1 grote door een duiker gevangen sint-jakobsschelp per persoon, horizontaal in tweeën gesneden, vlak voor het opdienen 30 seconden per kant gekookt in boter.
e) Presentatie: 2 stuks tortilla om 22:00 en 14:00 uur belegd met salsa, gegarneerd met een halve coquille. Druppel dikke basilicumolie rond het bord.

32. Gegrilde miso-gemarineerde coquilles met hijiki-salade

Opbrengst: 4 porties

Ingrediënt

- ½ kopje Sake
- ¼ kopje Canola-olie
- ½ kopje lichte miso-pasta
- 2 eetlepels Gehakte gember
- 2 eetlepels Suiker
- 1 theelepel Grofgemalen zwarte peper
- 12 grote Sint-jakobsschelpen
- Hijiki Salade

a) Meng alle marinade-ingrediënten door elkaar en marineer de sint-jakobsschelpen afgedekt en gekoeld 4 tot 6 uur. Grote sint-jakobsschelpen kunnen ook een nacht gemarineerd worden.
b) Markeer de sint-jakobsschelpen aan beide kanten op een hete grill.
c) Moet medium tot medium-rare worden geserveerd.
d) Serveer 3 sint-jakobsschelpen op een kleine berg Hijiki-salade.
e) Dit recept levert 4 porties op.

33. Salade van gegrilde zeeschelp met papajadressing

Opbrengst: 4 porties

Ingrediënt

- ¼ Papaja, zaden verwijderd
- 1 pond Med zee sint-jakobsschelpen
- 3 kopjes (tot 4 kopjes) diverse saladegroenten
- 1 theelepel Olijfolie
- Zout en peper naar smaak
- 2 eetlepels Olijfolie
- 2 theelepels Citroensap
- 1 eetlepel Papaya puur
- 1 eetlepel basilicum, fijngehakt
- 1 eetlepel tomaat, in blokjes gesneden
- Zout en peper naar smaak

a) Maak de avond van tevoren de papaya puur en marineer de sint-jakobsschelpen.
b) Schil en hak de papaja grof, doe hem in een blender en reduceer hem tot een puree. Bestrijk de sint-jakobsschelpen met 1 el pure (koel de resterende eetlepel voor de dressing) en marineer ze een nacht in de koelkast.
c) Als je klaar bent om de salade te bereiden, was en droog je de greens en schik je ze op saladeborden. Bereid de dressing voor.
d) Combineer de olie, het citroensap, de resterende papaya pure, basilicum en tomaat.

e) Breng op smaak met peper en zout. Bewaar de dressing niet in de koelkast. Gebruik het in één keer, op kamertemperatuur. Maakt ⅓kopje.
f) Bestrijk de sint-jakobsschelpen vlak voor het opdienen met olijfolie, voeg zout en peper naar smaak toe en gril de sint-jakobsschelpen op hete mesquite of houtskool, of bak ze ongeveer 1 minuut aan elke kant. Kook ze niet te gaar. Schik de sint-jakobsschelpen rond de greens, giet de dressing over de greens en serveer onmiddellijk.

GEGRILDE ZALM

34. Alaska BBQ-zalm

Opbrengst: 1 portie

Ingrediënten

- 1 Hele geklede zalm
- Zout en peper
- 2 eetlepels zachte boter
- ½ Gesegmenteerde med ui
- ½ Gesegmenteerde citroen
- Enkele takjes peterselie
- Mais olie

Routebeschrijving

a) Vis wassen en droogdeppen. besprenkel met zout en peper en besprenkel met boter.

b) Schik overlappende segmenten van ui, citroen en peterselie in de holte van de vis; bestrijk de vis met olie. Wikkel in stevige aluminiumfolie, sluitranden met dubbele overlap. Plaats op de grill over med hete kolen; kook, langzaam draaiende zalm om de 10 minuten.

c) Test de gaarheid na 45 minuten door een vleesthermometer in het dikste gedeelte te steken. Kook tot een interne temperatuur van 160.

d) Verplaats de vis om te serveren naar een verwarmde schotel; overlappende achterfolie. Snijd tussen bot en vlees met een brede spatel; til elke portie op. Serveer met Pittige Saus.

35. Ansjovis-gegrilde zalmsteaks

Opbrengst: 4 porties

Ingrediënten

- 4 Zalmsteaks
- Peterselie takjes
- Citroenpartjes

Ansjovisboter

- 6 Ansjovisfilets
- 2 eetlepels Melk
- 6 eetlepels Boter
- 1 druppel Tabasco saus
- Peper

Routebeschrijving

a) Verwarm de grill voor op hoog vuur. Vet het grillrooster in en plaats elke steak om een gelijkmatige hitte te garanderen. Leg op elke steak een klein klontje Ansjovisboter (verdeel een kwart van het mengsel in vier). 4 minuten grillen.

b) Keer de steaks met een stukje vis en leg nog een kwart van de boter tussen de steaks. Grill aan de tweede kant gedurende 4 minuten.

c) Zet het vuur lager en laat nog 3 minuten koken, minder als de steaks dun zijn.

d) Serveer met een netjes gerangschikt klontje ansjovisboter op elke steak.

e) Garneer met takjes peterselie en partjes citroen.

f) Ansjovisboter: Week alle ansjovisfilets in melk. Pureer in een schaal met een houten lepel tot het romig is. Roer alle ingrediënten door elkaar en laat afkoelen.

36.   Gerookte Verse Zalmfilets

Ingrediënten:

- 1 Zalmfilets (vers, wild, met vel)
- 1/3 theelepel Old Bay-kruiden
- 1 theelepel basiszeevruchtenkruiden

Routebeschrijving:

Peper voor op de grill

Was zalmfilets met koud water en dep droog met keukenpapier

Wrijf de kruiden lichtjes over de zalmfilets

Peppen op de favoriete houtpelletsroker

Zet de Preferred Wood Pellet smoker-grill op indirect koken en verwarm voor op 400°F

Leg de filets met de huid naar beneden direct op de grillroosters

Rook de zalmfilets in de roker totdat de interne rooktemperatuur stijgt tot 140°F en de vork het vlees gemakkelijk kan schilferen

Laat de zalm 5 minuten rusten

37. Gekonfijte Gerookte Zalm Met Sinaasappel Gember Rub

Ingrediënten:

- Zalmfilet (4-lbs., 1.8-kg.)

De Marinade

- Bruine suiker - ¼ kopje
- Zout - ½ theelepel

De Rub

- Gehakte knoflook - 2 eetlepels
- Geraspte verse gember - 1 theelepel
- Geraspte sinaasappelschil - ½ theelepel
- Cayennepeper - ½ theelepel

het glazuur

- Rode wijn - 2 eetlepels
- Donkere rum - 2 eetlepels
- Bruine suiker - 1 ½ kopjes
- Honing - 1 kopje

Routebeschrijving:

a) Meng zout met bruine suiker en verdeel het over de zalmfilet.
b) Wrijf de zalmfilet in met het kruidenmengsel en zet opzij.
c) Plaats de gekruide zalm in de Pelletroker en rook gedurende 2 uur.
d) Meng rode wijn met donkere rum, bruine suiker en honing en roer tot het is opgelost. rijgen.

38. Pacific Northwest Zalm Met Citroen Dille Saus

Ingrediënten:

- 6lb Chinook zalmfilets
- Zout naar smaak
- 1 C boter, gesmolten
- 1 C citroensap
- 4 eetl. gedroogde dille wiet
- 1 eetl. knoflook zout
- Zwarte peper naar smaak
- 4 C gewone yoghurt

Routebeschrijving:

a) Leg de zalmfilets in een ovenschaal.
b) Meng de boter en 1/2 citroensap in een kleine kom en sprenkel over de zalm. Kruid met peper en zout.
c) Combineer yoghurt, dille, knoflookpoeder, zeezout en peper. Verdeel de saus gelijkmatig over de zalm.
d) Veeg het grillrooster met hete pellets snel af met een handdoek gedrenkt in een beetje koolzaadolie, plaats de filets op de grill, de tent met folie en sluit het deksel.
e) Grill vis, huid naar beneden, tot medium rood, ongeveer 6 minuten.

39. Gegrilde Wild King Zalm

Ingrediënten:

- 1 kreeft, 1¾ pond
- ½ kopje gesmolten boter
- 2 pond zalmfilets
- ¼ kopje fijngehakte rode ui
- 3 eetlepels witte azijn
- 2 eetlepels water
- ¼ kopje slagroom
- 2 eetlepels fijngehakte verse dragon
- 4 eetlepels (½ stok) boter
- Zout en versgemalen zwarte peper
- Citroenpartjes en sap
- Bloedsinaasappelsalade

a) Druppel de boter en het citroensap in de kreeftholte.

b) Leg de kreeft op zijn rug op de grill, boven de rookpan. Sluit het deksel en rook ongeveer 25 minuten. Breng over naar een snijplank en verwijder het vlees van de staart en klauwen, bewaar het koraal en alle sappen in de koelkast.

c) Om de beurre blanc te maken, breng de uien, azijn en water aan de kook in een middelgrote pan op middelhoog vuur; zet het vuur lager en laat 3 tot 4 minuten sudderen, of tot ongeveer de helft verminderd. Voeg de room en dragon toe; laat 1 tot 2 minuten sudderen, of tot de helft is verminderd. Klop de boterblokjes erdoor.

d) Bereid de grill voor en leg de zalm op de hete kant.

e) Voeg de stukjes kreeft en het sap toe aan de pan met de beurre blanc, roer en zet het vuur middelhoog. Sudderen, afgedekt, meerdere keren roeren, gedurende 3 tot 4 minuten, of tot het kreeftenvlees goed verwarmd is.

40. Gegrilde zalm met pancetta

Opbrengst: 4 porties

Ingrediënt

- 1 pond verse morieljes
- 2 sjalotten; fijngehakt
- 1 teentje knoflook; fijngehakt
- 10 eetlepels Boter; In stukjes snijden
- 1 kopje droge sherry of Madeira
- 4 Stuks Zalmfilets
- Olijfolie
- Zout En Vers Gemalen Peper
- 16 Groene Uien
- 4 eetlepels pancetta; In blokjes en bijgesneden

a) Fruit sjalotten en knoflook in 2 eetlepels boter op laag vuur tot ze zacht zijn. Morieljes toevoegen, vuur hoger zetten en 1 minuut koken. Voeg sherry toe en reduceer tot de helft.

b) Klop de resterende boter erdoor, werkend op en van het vuur, tot het is geëmulgeerd.

c) Verhit een grillpan of grillpan met ribbels. Bestrijk de zalmfilets met olie en kruid met peper en zout. Doe de zalm over in een grote pan en bak 5 tot 10 minuten in de oven.

d) Verhit een middelgrote, zware koekenpan op hoog vuur. Voeg een paar eetlepels olijfolie toe. Voeg groene uien en pancetta toe. Kook kort, schud de pan om aanbakken te voorkomen. Voeg het morillemengsel toe en meng. Kruid licht.

e) Leg een zalmfilet in het midden van een warm bord. Lepel het morillemengsel over de bovenkant en langs de zijkanten.

41. Pittige kokosbouillon met zalm

Ingrediënt

- 1 150 gr. stuk zalm per persoon; (150 tot 180)
- 1 kop jasmijnrijst
- ¼ kopje Groene kardemompeulen
- 1 theelepel Kruidnagel
- 1 theelepel Witte peperkorrels
- 2 kaneelstokjes
- 4 Steranijs
- 2 eetlepels Olie
- 3 uien; fijn gesneden
- ½ Dessertlepel kurkuma
- 1 liter Kokosmelk
- 500 milliliter Kokosroom
- 6 grote Rijpe tomaten
- 1 eetlepel Bruine suiker
- 20 milliliter Vissaus
- Zout naar smaak
- 2 eetlepels Garam masala

a) Garam Masala: Rooster de kruiden apart in een pan. Combineer alle kruiden in een koffiemolen of vijzel en stamper en maal.

b) Pittige Kokosbouillon: Verhit olie in een grote pan en bak uien tot ze transparant zijn. Voeg kurkuma en gember toe en kook op laag vuur gedurende ongeveer 20 minuten, voeg dan de overige ingrediënten toe. Aan de kook brengen.

c) Terwijl de bouillon kookt, kook je de zalm en jasmijnrijst. De zalm moet gegrild worden.

42. Paprika Gegrilde Zalm Met Spinazie

Porties: 6 porties

Ingrediënten

- 6 roze zalmfilets, 1 inch dik
- $\frac{1}{4}$ kopje sinaasappelsap, vers geperst
- 3 theelepels gedroogde tijm
- 3 eetlepels extra vierge olijfolie
- 3 theelepels zoete paprikapoeder
- 1 theelepel kaneelpoeder
- 1 Eetlepels bruine suiker
- 3 kopjes spinazieblaadjes
- Zout en peper naar smaak

Routebeschrijving:

a) Bestrijk de zalmfilets aan weerszijden lichtjes met wat olijf en breng op smaak met paprikapoeder, zout en peper. Zet 30 minuten weg bij kamertemperatuur. Laat de zalm de paprika rub opnemen.
b) Meng in een kleine kom het sinaasappelsap, de gedroogde tijm, het kaneelpoeder en de bruine suiker.
c) Verwarm de oven voor op 400F. Breng de zalm over naar een met folie beklede bakvorm. Schenk de marinade bij de zalm. Kook de zalm 15-20 minuten.
d) Voeg in een grote koekenpan een theelepel extra vierge olijfolie toe en kook de spinazie ongeveer een paar minuten of tot hij geslonken is.
e) Serveer de gebakken zalm met spinazie ernaast.

43. Zalmfilet met kaviaar

Voor 4 personen

Ingrediënten

- 1 theelepel Zout
- 1 partjes limoen
- 10 Sjalotten (uien) gepeld
- 2 eetlepels sojaolie (extra om te bestrijken)
- 250 gram Cherry Tomaten Gehalveerd
- 1 kleine groene chili in dunne plakjes
- 4 eetlepels limoensap
- 3 eetlepels Vissaus
- 1 eetlepel suiker
- 1 handvol koriandertakjes
- 1 1/2kg Verse Zalmfilet s/on b/out
- 1 Pot Zalmkuit (kaviaar)
- 3/4 komkommer geschild, in de lengte gehalveerd, ontpit en in dunne plakjes gesneden

Routebeschrijving

a) Verwarm de oven voor op 200°C, maar snijd de komkommer in een keramische kom, met het zout, 30 minuten opzij en laat het inmaken.

b) Leg de sjalotten in een kleine braadslee, voeg de sojaolie toe, meng goed en zet 30 minuten in de oven tot ze zacht en goed bruin zijn.

c) Haal uit de oven en zet opzij om af te koelen, was ondertussen de gezouten komkommer goed, onder veel koud stromend water, knijp dan in handvol droog en doe in een kom.

d) Verwarm de ovengrill voor op zeer heet, halveer de sjalotten en voeg ze toe aan de komkommer.

e) Voeg tomaten, chili, limoensap, vissaus, suiker, koriandertakjes en sesamolie toe en meng goed.

f) Proef – pas zo nodig het zoet aan, met suiker en limoensap – opzij zetten.

g) Leg de zalm op geolied bakpapier, bestrijk de bovenkant van de zalm met sojaolie, breng op smaak met zout en peper, plaats onder de grill gedurende 10 minuten of tot hij net gaar en lichtbruin is.

h) Haal uit de oven, schuif op een schaal, bestrooi met het tomaten-komkommermengsel en een lepel zalmkuit.

i) Serveer met limoenpartjes en rijst

44. Ansjovis-gegrilde zalmsteaks

Opbrengst: 4 porties

Ingrediënt

- 4 Zalmsteaks
- Peterselie takjes
- Citroenpartjes

Ansjovisboter

- 6 Ansjovisfilets
- 2 eetlepels Melk
- 6 eetlepels Boter
- 1 druppel Tabasco-saus
- Peper

Routebeschrijving

a) Verwarm de grill voor op hoog vuur. Vet het grillrooster in en plaats elke steak om een gelijkmatige hitte te garanderen. Leg op elke steak een klein klontje Ansjovisboter (verdeel een kwart van het mengsel in vier). 4 minuten grillen.

b) Keer de steaks met een schijfje vis en leg nog een kwart van de boter tussen de steaks. Grill aan de tweede kant 4 minuten. Zet het vuur lager en laat nog 3 minuten koken, minder als de steaks dun zijn.

c) Serveer met een netjes gerangschikt klontje ansjovisboter op elke steak.

d) Garneer met takjes peterselie en partjes citroen.

e) Ansjovisboter: Week alle ansjovisfilets in melk. Pureer in een kom met een houten lepel tot het romig is. Roer alle ingrediënten door elkaar en laat afkoelen.

f) Serveert 4.

45. Op de barbecue gerookte zalm

Opbrengst: 4 porties

Ingrediënt

- 1 theelepel Geraspte limoenschil
- ¼ kopje limoensap
- 1 eetlepel Plantaardige olie
- 1 theelepel Dijon-mosterd
- 1 snuifje Peper
- 4 Zalmsteaks, 1-inch dik [1-1 / 2 lb.]
- ⅓ kopje Geroosterd sesamzaad

Routebeschrijving

a) Meng in een ondiepe schaal limoenschil en -sap, olie, mosterd en peper; voeg vis toe, draai om te coaten. Dek af en marineer bij kamertemperatuur gedurende 30 minuten, af en toe kerend.

b) Marinade bewaren, vis verwijderen; bestrooi met sesamzaad. Plaats op een ingevette grill direct op middelhoog vuur. Voeg geweekte houtsnippers toe.

c) Dek af en kook, draai en bedruip halverwege met marinade, gedurende 16-20 minuten of tot de vis gemakkelijk uit elkaar valt wanneer getest met een vork.

46. Op houtskool gegrilde zalm en zwarte bonen

Opbrengst: 4 porties

Ingrediënt

- ½ pond zwarte bonen; doorweekt
- 1 kleine ui; gehakt
- 1 kleine wortel
- ½ Selderij Rib
- 2 ons ham; gehakt
- 2 Jalapeño-pepers; gesteeld en in blokjes gesneden
- 1 teen knoflook
- 1 laurierblad; samengebonden met
- 3 takjes tijm
- 5 kopjes water
- 2 teentjes knoflook; fijngehakt
- ½ theelepel hete pepervlokken
- ½ Citroen; geperst
- 1 Citroen; geperst
- ⅓ kopje Olijfolie
- 2 eetlepels verse basilicum; gehakt
- 24 ons Zalmsteaks

Routebeschrijving

a) Combineer in een grote pan de bonen, ui, wortel, selderij, ham, jalapeño, hele teentjes knoflook, laurier met tijm en water. Laat sudderen tot de bonen zacht zijn, ongeveer 2 uur, voeg zo nodig meer water toe om de bonen bedekt te houden.

b) Verwijder de wortel, bleekselderij, kruiden en knoflook en giet het resterende kookvocht af. Meng de bonen met de gehakte knoflook, hete pepervlokken en het sap van een citroen. Opzij zetten.

c) Terwijl de bonen koken, combineer je het sap van een hele citroen, olijfolie en basilicumblaadjes. Giet over de zalmsteaks en zet 1 uur in de koelkast. Grill de zalm 4-5 minuten per kant op een matig hoog vuur, bedruip elke minuut met een beetje marinade. Serveer elke steak met een portie bonen.

47. Firecracker gegrilde zalm uit Alaska

Opbrengst: 4 porties

Ingrediënt

- 4 6 oz. zalm steaks
- ¼ kopje Pinda-olie
- 2 eetlepels sojasaus
- 2 eetlepels balsamico azijn
- 2 eetlepels Gehakte lente-uitjes
- 1½ theelepel bruine suiker
- 1 teentje knoflook, fijngehakt
- ¾ theelepel Geraspte verse gemberwortel
- ½ theelepel Rode chilivlokken, of meer voor
- Smaak
- ½ theelepel sesamolie
- ⅛ theelepel Zout

Routebeschrijving

a) Leg de zalmsteaks in een glazen schaal. Klop de overige ingrediënten door elkaar en giet over de zalm.

b) Dek af met plasticfolie en marineer 4 tot 6 uur in de koelkast. Verwarm de gril. Haal de zalm uit de marinade, bestrijk de grill met olie en leg de zalm op de grill.

c) Grill op middelhoog vuur gedurende 10 minuten per inch dikte, gemeten op het dikste deel, halverwege het koken draaien, of tot de vis net schilfert wanneer getest met een vork.

48.   Flash gegrilde zalm

Opbrengst: 1 porties

Ingrediënt

- 3 ons Zalm
- 1 eetlepel Olijfolie
- ½ Citroen; sap van
- 1 theelepel bieslook
- 1 theelepel Peterselie
- 1 theelepel versgemalen peper
- 1 eetlepel Sojasaus
- 1 eetlepel Ahornsiroop
- 4 eierdooiers
- ¼ pint Visbouillon
- ¼ pint Witte wijn
- 125 milliliter Dubbele room
- Bieslook
- Peterselie

Routebeschrijving

a) Snijd de zalm in dunne plakjes en doe deze 10-20 minuten in een bak met olijfolie, ahornsiroop, sojasaus, peper en citroensap.

b) Sabayon: Klop de eieren au bain-marie. Kook de witte wijn en de visbouillon in een pan. Voeg het mengsel toe aan de eiwitten en klop. Voeg room toe, nog steeds kloppend.

c) Leg de dunne plakjes zalm op de serveerschaal en besprenkel met een beetje sabayon. Plaats slechts 2-3 minuten onder de grill.

d) Verwijder en serveer onmiddellijk met een bestrooiing van bieslook en peterselie.

49.   Fettuccine met gerookte zalm

Opbrengst: 6 porties

Ingrediënt

- ¼ kopje boter
- 1½ kopje 35% echte slagroom
- 2 eetlepels wodka, optioneel
- 8 ons Gerookte zalm, in blokjes gesneden
- ½ theelepel Zout
- ½ theelepel Peper
- 2 eetlepels Verse dille, fijngehakt
- ¾ pond Fettuccine noedels
- ½ kopje Parmezaanse kaas, geraspt

a) Smelt de boter zachtjes in een grote diepe koekenpan. Voeg room toe. Aan de kook brengen. Voeg wodka toe. Zet het vuur lager en kook op laag 3-4 minuten tot het licht ingedikt is.
b) Voeg gerookte zalm, zout, peper en dille toe. Haal van het vuur.
c) Kook de fettuccine in een grote pan kokend water met zout gaar. 4. Giet de noedels goed af. Saus opwarmen. Doe de uitgelekte noedels in de pan met de hete saus. Roer

voorzichtig op laag vuur tot de saus de noedels bedekt en dik en romig is.
d) Bestrooi eventueel met kaas. Proef en kruid eventueel bij

50.   Huisgerookte zalm

Opbrengst: 8 porties

Ingrediënten

- 1 pond Zalmfilets of steaks
- Elzenhoutsnippers
- Schoorsteenroker

a) Maak een schoorsteenroker klaar met een kleine hoeveelheid kolen terwijl je de elzenhoutsnippers laat weken.
b) Als de kolen gloeiend heet zijn, laat je het water uit de chips lopen, leg je de chips op de hete kolen, plaats je de druppelvanger en het rooster en leg je de zalm direct op het rooster. Sluit het deksel en laat het 6 tot 12 uur met rust!
c) De vis kookt op 130 tot 140 graden en zal waarschijnlijk schilferen als hij van het rooster wordt gehaald.

51. Zalm schokkerig

Ingrediënten

- 2 pond huid-op zalmfilets
- 4 grote teentjes knoflook, fijngehakt
- 4 theelepels fijngehakte verse gember
- 1 kopje sojasaus
- ¾ kopje pure ahornsiroop
- ¾ kopje citroensap
- Vers gemalen zwarte peper
- Neutrale frituurolie

a) Dep de zalm volledig droog en vries hem ongeveer 30 minuten in om hem stevig te maken en hem gemakkelijker te kunnen snijden.
b) Meng ondertussen de knoflook, gember, sojasaus, ahornsiroop en citroensap in een middelgrote kom.
c) Snijd de vis in lange, ¼- tot ⅓ inch dikke stukken. Snijd tegen de draad in voor malser schokkerig, of met de draad mee voor stevigere stukken. Voeg de stukken vis toe aan de marinade en laat ze, af en toe roerend, 1 uur bij kamertemperatuur staan.
d) Trek de reepjes één voor één uit de marinade en leg ze in een platte, enkele laag op keukenpapier te drogen. Bestrooi de vis voor een pittige kick met zwarte peper of rode pepervlokken. Nu is het tijd om de vis te drogen.

52.   Geglazuurde zalm

Porties: 6

Ingrediënten:

- 1 sjalot, gesnipperd
- 1 theelepel knoflookpoeder
- ¼ kopje rauwe honing
- 1/3 kopje vers sinaasappelsap
- 1/3 kopje kokosnoot-aminos
- 6 zalmfilets
- 1 theelepel gemberpoeder

Routebeschrijving

a) Doe alle ingrediënten in een Ziploc zak en sluit de zak.
b) Schud de zak om het zalmmengsel te coaten.
c) Zet ongeveer 30 minuten in de koelkast, af en toe omdraaien.
d) Verwarm de grill voor op middelhoog vuur. Vet het grillrooster in.
e) Haal de zalm uit de marinadezak en leg deze apart.
f) Leg de zalmfilets op de grill en gril ze ongeveer 10 minuten.
g) Bestrijk de filets met de achtergehouden marinade en gril ze nog 5 minuten.

53. Salade van dille zalm

Opbrengst: 6 porties

Ingrediënt

- 1 kopje gewone magere yoghurt
- 2 eetlepels Fijngehakte verse dille
- 1 eetlepel Rode wijnazijn
- Zout en versgemalen peper
- 1 zalmfilet van 2 pond (1 "dik) ontdaan van huid en pezen
- 1 eetlepel Canola-olie
- $\frac{1}{2}$ theelepel Zout
- $\frac{1}{2}$ theelepel versgemalen peper
- 1 middelgrote komkommer
- Gekrulde bladsla
- 4 Rijpe tomaten; fijn gesneden
- 2 mediums Rode uien; geschild en in dunne plakjes gesneden en in ringen gescheiden
- 1 Citroen; in de lengte gehalveerd en in dunne plakjes gesneden

Routebeschrijving:

a) Maak de dressing: Roer de yoghurt, dille, azijn, zout en peper door elkaar. Koel bewaren. Maak de salade: Bestrooi de zalm aan beide kanten met olie, zout en peper.

b) Verwarm de grill tot zeer heet. Leg de zalm op de grill en kook, afgedekt, tot hij schilferig is, ongeveer $3\frac{1}{2}$ minuut aan elke kant. Leg op een serveerschaal en laat minimaal 5 minuten rusten. Snijd in plakjes van inch.

c) Doe de zalm in een kom en meng met de dressing. Dek af en zet in de koelkast. Schil vlak voor het serveren de komkommer en snij in de lengte doormidden. Schraap met een kleine lepel in het midden om de zaadjes te verwijderen. Snijd dun.

d) Hoop zalmmengsel in het midden van een grote schaal bekleed met slablaadjes. Omring met komkommer, tomaten, uien en schijfjes citroen. Garneer eventueel met extra dille.

GEGRILDE OCTOPUS

54. Op houtskool gegrilde octopus met pesto

Opbrengst: 1 portie

Ingrediënten

- 2 pond octopus, schoongemaakt
- 1 teentje knoflook, geplet
- 2 eetlepels Bruine suiker
- ½ kopje Rode wijn
- 1 eetlepel citroentijmblaadjes

Pestomayonaise:

- ½ kopje Mayonaise met hele eieren
- ¼ kopje Kant-en-klare pesto

Routebeschrijving

a) Doe de octopus, knoflook, suiker, wijn en tijm in een schaal en marineer 1-2 uur. Kook op een hete BBQ-plaat en meng regelmatig tot de octopus gaar en zacht is.

b) Om Pesto Mayonaise te maken- Meng mayonaise en pesto. Serveer met octopus als dipsaus of lepel erover als saus.

c) Breng octopus in een mengsel van olijfolie, vers citroensap, geperste knoflook en verse peterselie. Na het schoonmaken van de octopus, borstel met pekel en BBQ gedurende 10 minuten.

d) De octopus krult en krijgt dan een bordeauxrode kleur die erg mooi staat in een knoflooksalade. Als octopus taai is, mals maken voor het koken door ongeveer 4-5 minuten te stomen

55. Gegrilde muntoctopus

Opbrengst: 1 portie

Ingrediënten

- 1 Octopus 3 tot 5 pond met zak, ogen en rode huid Afhalen
- ½ kopje vierge olijfolie
- 1 Citroen, sap en zeste
- 1 eetlepel Geplette rode pepervlokken
- 1 bos verse oregano; ruwweg in blokjes gesneden
- 1 eetlepel versgemalen zwarte peper
- 2 hoofden escarole
- ½ kopje verse muntblaadjes
- 4 stukken.

Routebeschrijving

a) Verwarm de grill of barbecue.

b) Leg de octopus in koud water met een kurk en breng aan de kook. Zet het vuur laag tot laag kookpunt en kook 35 tot 40 minuten tot ze gaar zijn

c) Uitnemen, afspoelen en in een mengschaal snijden, olijfolie, citroenrasp en -sap, rode peper, oregano en zwarte peper door elkaar roeren. Marineer de stukken octopus 10 minuten en leg ze op een grill. Bak tot ze knapperig en licht aangebraden zijn, ongeveer 5 minuten per kant.

d) Wanneer de octopus op de grill gaat, maak dan de escarole schoon van de dunne buitenste bladeren

e) Snijd in de lengte doormidden en spoel goed af om gruis eruit te halen. Leg met de snijkant naar beneden op de grill en kook tot het licht aangebraden is, ongeveer 3 tot 4 minuten aan één kant. Draai en kook nog 2 minuten en haal eruit.

f) Haal de octopus eruit en leg hem terug in de pekel, snijd hem in hapklare stukjes met een schaar en giet over de escarole, besprenkel met verse munt en serveer.

53. Siciliaanse gegrilde baby-octopus

VOOR 4 PORTIES

Ingrediënten
- 2½ pond schoongemaakte en ingevroren baby-octopus
- 2 kopjes volle rode wijn, zoals
- Pinot Noir of Cabernet Sauvignon
- 1 kleine ui, gesnipperd
- 1 theelepel zwarte peperkorrels
- theelepel hele kruidnagels
- 1 laurierblad
- 1 kopje Siciliaanse Citrus Marinade
- ¾ kopje ontpit en grof gehakte Siciliaanse of Cerignola groene olijven
- 3 ons baby-rucolablaadjes
- 1 eetlepel gehakte verse munt
- Grof zeezout en versgemalen zwarte peper

Routebeschrijving
a) Spoel de octopus af en doe hem in een soeppan met de wijn en voldoende water om hem onder te dompelen. Voeg de ui, peperkorrels, kruidnagel en laurier toe. Breng aan de kook op hoog vuur en zet het vuur dan laag tot middelhoog, dek af en laat zachtjes sudderen tot de octopus zacht genoeg is om met een mes gemakkelijk binnen te komen, 45 minuten tot 1 uur.

b) Giet de octopus af en gooi de vloeistof of zeef weg en bewaar voor zeevruchtenbouillon of risotto. Als de octopus koel genoeg is om te hanteren, snijd je de tentakels bij de kop weg.

c) Combineer de octopus en marinade in een zak met ritssluiting van 1 gallon. Druk de lucht eruit, sluit de zak en zet hem 2 tot 3 uur in de koelkast. Steek een grill aan voor direct middelhoog vuur, ongeveer 450¼F.

d) Haal de octopus uit de marinade, dep droog en laat 20 minuten op kamertemperatuur staan. Zeef de marinade in een pan en breng aan de kook op middelhoog vuur. Voeg de olijven toe en haal van het vuur.

e) Borstel het grillrooster en bestrijk het met olie. Grill de octopus direct boven het vuur tot hij mooi grillig is, 3 tot 4 minuten per kant, druk zachtjes op de octopus om een goede schroei te krijgen. Schik de rucola op een schaal of borden en garneer met de octopus. Lepel wat van de warme saus, inclusief een flinke hoeveelheid olijven, op elke portie. Bestrooi met de munt, zout en zwarte peper.

GEGRILDE TONIJN

54. Bayou gegrilde tonijn

Opbrengst: 1 portie

Ingrediënten

- ¾ kopje Golden Cajun-stijl zeevruchten
- 1½ pond Tonijnsteaks

Routebeschrijving

a) Giet Cajun Style Seafood Pekel gelijkmatig over de vis, laat 20 tot 30 minuten rusten en draai meerdere keren.

b) Kook op een open grill op matig hete kolen. Rijg en draai een keer. Vis is gaar als het vlees ondoorzichtig is.

c) Serveer met Gemengde salade, sperziebonen en stokbrood

55. Gerookte Gepekelde Tonijn

Ingrediënten:

- 3 pond zalmfilets (gekweekt)
- 2 kopjes verse vispekel

Routebeschrijving:

a) Snijd de filets in stukken van 10 cm zodat ze even snel kunnen garen
b) Doe de karbonades in een afsluitbare plastic bak en giet in de bak Verse vis Pekel
c) Dek het af en zet een nacht in de koelkast
d) Verwijder na deze tijd de karbonades en dep ze droog met keukenpapier
e) Zet de Smoker-grill op indirect koken
f) Breng de zalmfilets over in een met Teflon gecoate glasvezelmat
g) Verwarm de roker voor op 180°F en kook tot de interne rooktemperatuur van de zalmfilets stijgt tot 145°F

56. Gerookte Saus Tonijn

Ingrediënten:
- 10 Ons Tonijnsteaks (vers)
- 1 kopje teriyakisaus

Routebeschrijving:
a) Snijd de tonijn in stukken van 10 cm zodat je even snel kunt koken
b) Doe de tonijnsteaks in een afsluitbare plastic container en giet in de container teriyakisaus
c) Dek het af en zet het 3 uur in de koelkast
d) Verwijder na deze tijd de tonijnsteaks en dep ze droog met keukenpapier
e) Breng de filet over naar een grillplaat met antiaanbaklaag en plaats deze 1 uur in de rookoven
f) Verhoog na deze tijd de gewenste houtpellet tot 250°F en kook tot de interne rooktemperatuur van de tonijn stijgt tot 145°F
g) Haal ze van de grill en laat ze 10 minuten rusten

57. Aangebraden Wasabi Tonijn

Ingrediënten:

- 6-ounce tonijnsteaks
- 1 1/4 kop witte wijn
- 1 kopje korianderblaadjes
- 1 kopje ongezouten boter
- 1/4 kop sjalotten, fijngehakt
- 2 eetlepels. witte wijn azijn
- 1 eetlepel wasabipasta
- 1 eetlepel sojasaus
- 1 eetlepel olijfolie
- zout en peper naar smaak

Routebeschrijving:

a) Combineer wijn, wijnazijn en sjalotten in een pan op middelhoog vuur. Laat sudderen tot ongeveer 2 eetlepels. Zeef de sjalotten en gooi ze weg.

b) Voeg wasabi en sojasaus toe aan het mengsel en verminder de gewenste houtpellets. Voeg langzaam de boter toe terwijl je roert tot alles goed gemengd is. Roer de koriander erdoor en haal van het vuur. Opzij zetten.

c) Bestrijk de tonijnsteaks met olijfolie. Kruid met peper en zout en leg op de grill.

d) Grill 90 seconden, draai dan om en blijf nog 90 seconden grillen.

58. Gegrilde Tonijnburgers

Ingrediënten

- 1½ pond verse tonijn
- 2 eieren, losgeklopt
- 4-6 kleine augurken of cornichons
- Zout
- 1 theelepel versgemalen zwarte peper
- 1 eetlepel olijfolie
- ½ kopje fijngehakte zoete witte ui
- 2 kopjes verse maïs
- ¼ kopje droge witte wijn
- Sap van 1 citroen (ongeveer 3 eetlepels) en schil van die citroen (ongeveer 1 eetlepel)
- 1½ eetlepel fijngehakte verse dille
- Citroenachtige Maissalsa

a) Leg de tonijn op het geoliede rooster en gril 3 tot 4 minuten. Draai en gril 3 tot 4 minuten langer, of tot de vis een beetje zacht is. Verwijderen en afkoelen.

b) Breek de afgekoelde tonijn in een grote mengkom, voeg de eieren, augurken, zout naar smaak en peper toe en prak met een grote vork. Opzij zetten.

c) Verhit de olie in een grote pan op middelhoog vuur. Voeg de ui toe en bak 2 tot 3 minuten, tot ze zacht zijn. Voeg de maïs, wijn, citroensap en dille toe en laat 4 tot 5 minuten sudderen. Haal van het vuur.

d) Meng het vocht en de schil goed door de tonijn. Vorm het mengsel in vier pasteitjes. Plaats de pasteitjes op een geoliede, geperforeerde pizzapan of in een gaasmand boven de grill. Bak de pasteitjes 3 tot 4 minuten bruin; draai en kook 3 tot 4 minuten langer, of tot het stevig aanvoelt.

e) Serveer op geroosterde hamburgerbroodjes met de Lemony Corn Salsa.

59. Tonijn in blik

Ingrediënten

- 1 pond tonijnfilet of schoongemaakte verse tonijn per pintpot
- 1 theelepel koosjer zout per pintpot
- ¾ kopje extra vergine olijfolie

a) Verwarm je oven voor op 120 ° C (250 ° F).
b) Wikkel de tonijn in aluminiumfolie om uitdroging te voorkomen. Leg het foliepakket op een bakplaat en plaats het vervolgens in de oven. Kook ongeveer 1 uur, of totdat de interne temperatuur op het dikste deel van het vlees 140 ° F (60 ° C) bereikt.
c) Laat de vis na het koken iets afkoelen en zet hem vervolgens een paar uur in de koelkast om het vlees stevig te maken.
d) Nadat de tonijn is gekookt, is deze klaar om te worden ingeblikt. Maak de pintpotten met wijde opening schoon en controleer op inkepingen en deuken.
e) Pel het vel van de tonijn en verwijder eventueel verkleurd vruchtvlees. Als je alleen het lichte tonijnvlees wilt, snij dan ook het donkere vlees weg. Snijd de tonijn in stukken die groot genoeg zijn om heel strak in de potten te verpakken.
f) Verpak de potten stevig met de vis. Voeg per pot 1 theelepel zout toe. Bedek de tonijn met olie, indien gewenst, of water, laat 1 inch vrije ruimte over. Veeg de randen schoon en voeg de deksels toe.

60. Italiaanse gegrilde tonijn

Opbrengst: 6 porties

Ingrediënt

- ¾ kopje extra vierge olijfolie
- ½ kopje gehakte peterselie
- ½ kopje Jarred gemarineerde geroosterde paprika's, uitgelekt en in blokjes gesneden
- ½ kopje dun gesneden lente-uitjes
- ¼ kopje vers citroensap
- 2 eetlepels kappertjes, uitgelekt
- 2 eetlepels gehakte verse oregano, of
- 2 theelepels gedroogde oregano
- ¼ theelepel Zout
- 6 8-oz tonijnsteaks, ongeveer 3/4 inch dik
- ⅛ theelepel versgemalen peper

a) Meng in een middelgrote pan ½ kopje olijfolie met peterselie, rode pepers, lente-uitjes, 2 el. citroensap, kappertjes, oregano en zout. Laat 5 minuten op laag vuur sudderen, af en toe roeren, om smaken te mengen. Haal van het vuur en zet opzij. 2. Leg de tonijn in een enkele laag in een glazen ovenschaal.

b) Besprenkel de resterende ¼ kopje olijfolie en 2 el. citroensap over vis.
c) Kruid met peper. Draai om beide kanten te coaten. Dek af met plasticfolie en marineer 30 minuten bij kamertemperatuur. 3. Bereid een heet vuur voor. Leg de vis op een geoliede grill die 4 tot 6 inch verwijderd is van de kolen. Verwarm de saus opnieuw door de pan op de zijkant van de grill te plaatsen. Grill de tonijn, één keer draaiend, tot hij overal ondoorzichtig maar nog steeds vochtig is, ongeveer 8 tot 10 minuten. Breng over naar een serveerschaal en lepel saus over elke steak.

61. Meloensalsa met gegrilde tonijn

Opbrengst: 2 porties

Ingrediënt

- 2 zes-ounce tonijnsteaks
- 1 zout; proeven
- 1 versgemalen witte peper; proeven
- 1 kopje in kleine blokjes gesneden meloen
- ¼ kopje in kleine blokjes gesneden prosciutto
- 2 eetlepels gesnipperde sjalotten
- theelepel gehakte munt
- theelepel champagneazijn
- eetlepel olijfolie
- 1 gesneden groene paprika
- 1 peterselie

a) Verwarm de grill voor op hoog. Kruid de tonijnsteaks. Meng in een kleine kom de meloen, prosciutto, sjalotten, munt, azijn en olijfolie, breng op smaak met zout en peper. Laat 15 tot 20 minuten staan en laat de smaak zich ontwikkelen. Leg de tonijnsteaks op de grill en bak ze 2 tot 3 minuten aan elke kant voor medium-rare. Leg de tonijnsteaks op een groot serveerbord en garneer met de salsa, zorg ervoor dat de sappen van de salsa over de tonijn druppelen. Garneer met gehakte paprika en peterselie. Dit recept levert 2 porties voorgerecht op.

GEGRILDE SNAPPER

62. Citrus gegrilde snapper met limoenrijst

Opbrengst: 1 portie

Ingrediënten

- 1½ pond Red Snapper
- 1 kopje sinaasappelsap
- 1 kopje grapefruitsap
- ¼ kopje limoensap
- 2 eetlepels fijngehakte verse koriander
- ¼ theelepel cayennepeper
- 2 eetlepels sojasaus
- 1 eetlepel In blokjes gesneden knoflook
- 1½ kopje water
- 1 kop langkorrelige rijst
- 1 eetlepel extra vergine olijfolie
- 2½ eetlepel vers limoen- of citroensap
- 3 theelepels Geraspte schil; (voor garnering)
- 1 theelepel gemalen witte peper
- ¼ kopje in blokjes gesneden groene ui of lente-uitjes; (voor garnering)

Routebeschrijving

a) Verwarm de grill voor tot 375 graden.

b) Meng de citrussappen, koriander, cayennepeper, in blokjes gesneden knoflook en sojasaus in een ondiepe ovenschaal. Voeg de vis toe en zet 4 uur in de koelkast, draai de vis na 2 uur om.

c) Haal de vis uit de pekel en wikkel in aluminiumfolie. Plaats het verpakte pakket op een bakplaat en bak 15 tot 20 minuten of tot het vlees gemakkelijk schilfert. Haal de vis uit de verpakking en serveer op een grote schaal.

d) **Limoen Rijst:** Meng de ingrediënten en kook gedurende 30 minuten of tot het water is verdampt. Kruid met peper en garneer met zeste en lente-ui

63. Red Snapper met suikerkorst

Ingrediënten:

- 1 eetlepel bruine suiker
- 2 theelepels gehakte knoflook
- 2 theelepels zout
- 2 theelepels versgemalen zwarte peper
- ½ theelepel gemalen rode pepervlokken
- 1 (1½- tot 2-pond) rode snapperfilet
- 2 eetlepels olijfolie, plus meer om het rooster in te vetten
- 1 schijfje limoen, voor garnering

Routebeschrijving:

a) Volg de specifieke opstartprocedure van de fabrikant, verwarm de roker voor op 225°F en voeg elzenhout Preferred Wood Pellet toe.
b) Meng in een kleine kom de bruine suiker, knoflook en zout, peper en rode pepervlokken om een kruidenmix te maken.
c) Wrijf de olijfolie over de vis en breng het kruidenmengsel aan op de vacht.
d) Vet het grillrooster of een anti-aanbakgrillmat of geperforeerde pizzazeef in. Plaats de filet op het rookrek en rook gedurende 1 tot 1½ uur, totdat de interne rooktemperatuur 145°F registreert.
e) Haal de vis uit Preferred Wood Pellet en serveer warm met de limoenschijfjes.

64. Thee gerookte snapper

Opbrengst: 6 porties

Ingrediënt

- 1 Luga snapperfilet (ongeveer 1 pond)
- 6 eetlepels Chinese zwarte theeblaadjes
- 6 Steranijs
- 3 kaneelstokjes
- 20 teentjes
- 6 eetlepels Rauwe rijst
- 6 teentjes knoflook, geplet

Marinade:

- 2 kopjes ijswater
- 6 eetlepels Sojasaus
- 1 eetlepel suiker
- ½ kopje gembersap
- 2 eetlepels Zout

a) Meng de marinade, doe de vis erin en laat ongeveer 3 uur staan. Leg de vis op een draadgrill of rond bamboerek in de wok, minimaal 5 cm boven de rokende ingrediënten. Dek de wok af en rook 15-20 minuten op laag vuur.

b) Snijd en serveer warm of koud met een pittige augurk van Chinese kool.

c) Gembersap: Schil 125 g verse jonge gember, snijd in blokjes en doe in een keukenmachine. Voeg 5 eetlepels water toe en verwerk tot een gladde massa. Giet de inhoud in een fijne zeef of in een schone, fijne doek. Knijp om het vers smakende, peperige gembersap te extraheren.

65. Griekse snapper op de grill

Opbrengst: 1 porties

Ingrediënt

- ½ kopje Olijfolie
- 3 eetlepels Gesmolten boter
- 1 Geplette teen knoflook
- 2 eetlepels Geraspte Parmezaanse kaas
- 1 theelepel Oregano
- ¼ theelepel Citroenpeper
- ¼ theelepel gekruid zout
- 2 eetlepels vers citroensap
- 1 pond Red snapper filets

a) Meng in een kom olie, boter, kaas, oregano, citroenpeper, zout en citroensap. Voeg vis toe; draai om gelijkmatig te coaten. Dek af met plasticfolie en zet 1 uur in de koelkast. Vis uit laten lekken, marinade bewaren. Leg de filets met de huid naar beneden in de geoliede grillmand; gril 3-4 minuten per kant.

b) Bestrijk de vis tijdens het grillen met marinade.

66.Gegrilde red snapper burger met mangoketchup

Opbrengst: 4 porties

Ingrediënt

- 1 pond Verse rode snapper
- 3 Eiwitten
- 2 eetlepels Groene uien -- gesnipperd
- 1 eetlepel witte worcestershiresaus
- 1 eetlepel Thaise vissaus
- ¼ kopje mangoketchup -- Zie recept
- ¼ pond spinazie
- ½ kopje broodkruimels
- 1 theelepel dille -- fijngehakt
- 1 Stokbrood

a) Hak de red snapper met de hand of met een stalen mes in een keukenmachine. Plaats de snapper in een grote roestvrijstalen kom. Voeg het eiwit, Worcestershire-saus, vissaus, groene ui en dille toe. Meng goed door elkaar. Voeg aan dit mengsel voldoende paneermeel toe om het mengsel samen te binden. Vorm 4 hamburgervormen, ½-inch dik, en laat ongeveer ½ uur in de koelkast opstijven.

b) Verhit een grill of grill tot zeer heet. Maak ondertussen de spinazie schoon en droog. Sprenkel vlak voor het grillen een beetje olijfolie over de burgers. Grill de burger ongeveer 1-½ minuut op hoog vuur en zorg ervoor dat de vis niet te gaar wordt.

c) Serveer de burger direct op stokbrood met de spinazieblaadjes en aangekleed met Mango Ketchup.

67. Lentekruid gegrilde rode snapper

Opbrengst: 4 porties

Ingrediënt

- 4 kleine hele rode snappers, schoongemaakt (elk 1 1/2 tot 2 pond)
- 4 eetlepels extra vergine olijfolie
- Grof zout naar smaak
- Versgemalen zwarte peper naar smaak
- 2 bosjes verse tijm (grote bosjes)
- 4 Citroenen, kruiselings gehalveerd, voor garnering
- 1 kop lichte en hete saus

a) Bereid de grill voor met hete kolen of verwarm de grill voor.

b) Spoel de vis van binnen en van buiten en dep droog. Bestrijk de snapper van binnen en van buiten met olie en bestrooi met zout en peper. Leg in elke vis 3 of 4 takjes tijm. Sluit de openingen met kleine metalen spiesen.

c) Vet het grillrooster licht in met olie en plaats de vis op het rooster, 10 cm van de warmtebron. Grill tot het gaar is, 4-6 minuten per kant, één keer draaien.

d) Serveer direct op een decoratief bord, gegarneerd met de resterende takjes tijm, de citroenhelften en eventueel wat verse Oost-Indische kers.

e) Serveer de Light en Hot Saus ernaast.

GEGRILDE GARNALEN EN GARNALEN

68. Barbecue gekruide garnalen

Opbrengst: 4 porties

Ingrediënten

- 24 grote Garnalen; geschild en ontdaan
- 1 kop Paprika
- 1 eetlepel Elk: cayennepeper; knoflookpoeder, zwarte peper en zout
- 2 theelepels gedroogde oregano
- 1 eetlepel gedroogde tijm
- ½ eetlepel Gedroogde dille
- 2 kopjes slagroom
- ½ theelepel Saffraan Spiesjes
- ½ kopje verse maïskorrels
- 2 eetlepels Ahornsiroop
- 2 Citroenen; sap van
- Zout naar smaak

Routebeschrijving

a) Barbecue Spice: Meng paprika, cayennepeper, knoflookpoeder, peper, zout, oregano, tijm en dille; goed mengen. Bewaar in een luchtdichte verpakking. Maakt ongeveer 11/2 kopjes

b) Garnalen: Week 4 bamboespiesjes 2 uur in water; leg 6 garnalen op elke spies en besprenkel rijkelijk met Barbecue Spice.

c) Plaats de garnalen op de barbecuegrill en zorg ervoor dat de staarten uit de buurt van het heetste deel van het vuur zijn. Grill ongeveer 3 tot 4 minuten per kant of tot ze gaar zijn. Niet te gaar koken. Serveer met saffraan en suikermaïsroom. Serveer 1 spies per persoon.

d) Saffraan- en suikermaïscrème: Verwarm de room in een pan met saffraan en maïs tot de saffraan kleur begint af te geven. Siroop toevoegen. Klop citroensap en zout erdoor.

69. Met appel geglazuurde spiesjes met zeevruchten

Opbrengst: 6 portie

Ingrediënt

- 1 blik Bevroren appelsapconcentraat
- 1 eetlepel ELKE boter en Dijon-mosterd
- 1 grote zoete rode paprika
- 6 segmenten Spek
- 12 Zeeschelpen
- 1 pond gepelde, ontdarmde garnalen (ongeveer 36)
- 2 eetlepels In blokjes gesneden verse peterselie

Kook het appelsapconcentraat in een diepe, zware pan op hoog vuur 7 10 minuten of tot het is ingekookt tot ongeveer ¾ kopje. Haal van het vuur, klop de boter en de mosterd erdoor tot een gladde massa. Opzij zetten. Snijd de paprika doormidden en verwijder de zaadjes en de steel, snijd de paprika in 24 stukjes. Snijd de plakjes spek kruiselings doormidden, wikkel elke coquille in een stuk spek.

spies peper, coquilles en garnalen afwisselend op 6 spiesen. Leg de spiesjes op de geoliede barbecuegrill. Grill 2-3 minuten op middelhoog vuur, bedruip met appelsapglazuur en draai vaak, totdat de sint-jakobsschelpen ondoorzichtig zijn, de garnalen roze en de peper zacht is. Serveer besprenkeld met peterselie.

70.Knoflook spies garnalen

Opbrengst: 4 porties

Ingrediënten

- 1½ pond Jumbogarnalen
- ½ kopje knoflookolie
- 1 eetlepel Tomatenpuree
- 2 eetlepels Rode wijnazijn
- 2 eetlepels In blokjes gesneden verse basilicum
- Zout
- Versgemalen peper

Shell en devein garnalen. Mix de overige ingrediënten door elkaar

Meng met garnalen en zet 30 minuten tot een uur in de koelkast, af en toe roeren.

Garnalen eruit halen, marinade opnieuw in porties verdelen.

Spies garnalen door ze bijna doormidden te buigen, zodat het grote uiteinde bijna het kleinere uiteinde raakt, steek dan de spies net boven de staart zodat deze twee keer door het lichaam gaat.

Grill 6-8 minuten van kolen, of tot ze gaar zijn, draai regelmatig en borstel twee of drie keer met gereserveerde marinade.

71. Basilicum garnalen

Ingrediënten

- 2 1/2 eetlepels olijfolie 3 teentjes knoflook, fijngehakt
- 1/4 kop boter, gesmolten zout naar smaak
- 1 1/2 citroenen, uitgeperst 1 snuifje witte peper
- 3 eetlepels grofkorrelige kant-en-klare mosterd 3 pond verse garnalen, gepeld en ontdaan van darmen
- 4 ons fijngehakte verse basilicum

Meng in een ondiepe, niet-poreuze schaal of schaal olijfolie en gesmolten boter. Roer dan citroensap, mosterd, basilicum en knoflook erdoor en breng op smaak met zout en witte peper. Voeg garnalen toe en meng om te coaten. Dek af en plaats gedurende 1 uur in de koelkast of koeler. Verwarm de Blackstone-grill tot hoog vuur. Haal de garnalen uit de marinade en spies ze op spiesjes. Vet het rooster licht in en leg de spiesjes op de grill. Kook gedurende 4 minuten, draai een keer, tot het gaar is.

72. Gegrilde garnalen omwikkeld met spek

Opbrengst: 4 porties

Ingrediënt

- 20 Med garnalen; schoongemaakt ontdaan
- 10 reepjes spek; rauw, in plakjes gesneden
- 3 Rode of gele paprika's;
- 4 eetlepels extra vergine olijfolie
- 2 eetlepels balsamico azijn
- 1 eetlepel mosterd
- Takje verse tijm
- 1 Hoofd radicchio
- 1 Kop andijvie
- 1 krop Bibb sla

Was en droog de radicchio, andijvie en sla. Scheur in hapklare stukjes en zet apart. Wikkel elke garnaal stevig in $\frac{1}{2}$ reep spek.

Grill in bakplaat of op houtskoolgrill tot ze knapperig zijn, 3-5 minuten, eenmaal roterend. Dek af om warm te blijven. Paprika's ontpitten en in dunne juliennereepjes snijden. Opzij zetten. Meng olie, azijn, mosterd en tijm in een pot. Dek af en schud goed. Leg de greens en paprika's in een schaal.

Garnalen toevoegen. Meng voorzichtig met de vinaigrette.

Serveer in ondiepe schalen, schik eerst de greens en 5 garnalen bovenop de greens.

73. Met pesto gevulde garnalen

MAAKT 4 Portie

Ingrediënt :

- 12 garnalen of kolossaal (10-15 tellen)
- garnaal
- 1 jalapeno chili peper, zonder zaadjes
- kopje korianderpesto
- 3 eetlepels gesnipperde sjalot
- 3 eetlepels olijfolie
- 1 klein teentje knoflook, fijngehakt
  - 3 eetlepels in blokjes gesneden verse koriander

Wrijven
- Guacamole-vinaigrette:
- theelepel grof zout
- 2 Hass-avocado's, ontpit en geschild
- Snufje gemalen zwarte peper
- Sap van 1 grote limoenbeker extra vergine olijfolie
- 1 tomaat, zonder zaadjes en in fijne blokjes

Steek een grill aan voor directe matige tot hoge hitte, ongeveer $425\frac{1}{4}$F

Snijd de garnalen langs hun rug om het midden open te maken

Vul de opening in elke garnaal met ongeveer $\frac{1}{2}$ tot 1 theelepel pesto. Bestrijk de gevulde garnalen rondom met de olijfolie.

Voor de guacamole vinaigrette: Prak de avocado in een matige schaal met een vork. Roer het resterende hoofdingrediënt erdoor. Opzij zetten.

Borstel het grillrooster en bestrijk het met olie. Grill de garnalen direct boven het vuur tot ze stevig en mooi grillig zijn, ongeveer 4 minuten per kant.

Schep op borden en besprenkel met de guacamole-vinaigrette.

74. Gegrilde garnalen met oregano

Opbrengst: 4 porties

Ingrediënt

- 16 grote garnalen, gepeld, ontdarmd
- ½ kopje Olijfolie
- 3 teentjes knoflook
- 2 eetlepels verse oregano
- 2 eetlepels Verse platte peterselie
- 1 theelepel Rode pepervlokken
- Zout en vers gekraakt
- Peper
- 2 kopjes Canola-olie

Meng in een matig gerecht de garnalen met de olijfolie, knoflook en oregano, peterselie, rode pepervlokken en zout en peper. Laat 1 uur marineren. Doe de koolzaadolie in een kleine steelpan en verwarm tot 350 graden, voeg de knoflooksegmenten toe en bak tot ze licht goudbruin zijn.

Haal eruit met een schuimspaan en laat uitlekken op keukenpapier. Verwarm de Blackstone-grill.

Haal de garnalen uit de pekel en gril ze 2 tot 3 minuten aan elke kant tot ze gaar zijn. Leg ze op een schaal en garneer met knoflookchips.

75. Mojo Garnalen Spies Voorgerechten

Ingrediënten:

- 2 pond. gesneden spek
- 64 rauwe garnalen, staart eraf
- 2 C Traditionele Cubaanse Mojo
- ¼ C Adobo Criollo
- 32 Preferred Wood Pellet-spiesjes, geweekt

Routebeschrijving:

Spoel rauwe garnalen en laat uitlekken. Meng in een grote kom de garnalen en de Adobo Criollo-kruiden.

Wikkel elke garnaal in ½ plak spek en rijg twee wraps op elke spies, aanraken en met een spies door zowel het spek als de garnalen.

Breng de pelletgrill op middelhoog vuur, olie en leg de spiesjes in de grill.

Grill 3-5 minuten, tot het spek gaar is, draai om en kook nog 2-3 minuten.

Haal van de grill en laat 2-3 minuten voor het opdienen rusten op een met keukenpapier beklede schotels. voor dit type grillen.

76. Pittige garnalen in Braziliaanse stijl

Opbrengst: 1 portie

Ingrediënt

- 2 pond Jumbogarnalen, gepeld en ontdarmd
- 1 eetlepel Gehakte knoflook
- 1 eetlepel Fijngehakte verse rode cayennepepers, zonder zaadjes
- ½ kopje extra vergine olijfolie, bij voorkeur geïmporteerd uit Braziliaans
- ½ kopje extra vergine olijfolie
- Rode pepersaus, naar smaak

a) Gooi de garnalen in een glazen ovenschaal met de knoflook, pepers en olijfolie. Dek af en marineer, gekoeld, gedurende ten minste 24 uur. Verwarm de grill of grill voor en kook garnalen, af en toe bestrijkend met marinade, gedurende 2 tot 3 minuten per kant.

b) Roer in een kleine kom ½ kopje olijfolie en rode pepersaus naar smaak door elkaar.

c) Serveer de hete gegrilde garnalen met de dipsaus.

77. Voorgerecht Garnalen Kabobs

Ingrediënten

- 3 eetlepels olijfolie
- 3 teentjes knoflook, geperst
- 1/2 kopje droge broodkruimels
- 1/2 theelepel zeevruchtenkruiden
- 32 ongekookte middelgrote garnalen
- cocktailsaus met zeevruchten

Routebeschrijving

a) Meng in een ondiepe kom de olie en knoflook; laten we zeker een symbool zijn van 30 minuten. Meng in een andere kom broodkruimels en zeevruchtenkruiden. Dompel de garnalen in het oliemengsel en bedek ze vervolgens met het kruimelmengsel.

b) Rijg op metalen of geweekte houten spiesen. Grill de kabobs, afgedekt, op middelhoog vuur gedurende 2-3 minuten of tot de garnalen roze worden. Serveer met zeevruchtensaus.

78.Garnalen en perzik Kabobs

Ingrediënten

- 1 eetlepel verpakte bruine suiker
- 1 theelepel paprika
- 1/2 tot 1 theelepel ancho chili peper
- 1/2 theelepel gemalen komijn
- 1/4 theelepel zout
- 1/4 theelepel versgemalen peper
- 1/8 tot 1/4 theelepel cayennepeper
- 1-pond ongekookte garnalen
- 3 middelgrote perziken
- 8 groene uien
- kookspray met olijfoliesmaak
- partjes limoen

Routebeschrijving

a) Meng bruine suiker en kruiden. Doe garnalen, perziken en groene uien in een grote kom; bestrooi met het bruine suikermengsel en gooi om te coaten. Op vier of acht metalen of geweekte houten spiesen, afwisselend garnalen, perziken en groene uien.

b) Sproei beide kanten van Kabobs lichtjes met kookspray. Grill, afgedekt, op middelhoog vuur of rooster 4 inch van het vuur 3-4 minuten aan elke kant of tot de garnalen roze worden. Knijp partjes limoen uit over de kabobs.

79. Gazpacho

Ingrediënten

- 2 teentjes knoflook
- 1/2 rode ui
- 5 Roma-tomaten
- 2 stengels bleekselderij
- 1 grote komkommer
- 1 courgette
- 1/4 kopje extra vergine olijfolie
- 2 eetlepels rode wijnazijn
- 2 eetlepels suiker Enkele streepjes hete saus Scheutje zout
- Streepje zwarte peper
- 4 kopjes tomatensap van goede kwaliteit
- 1-pond garnaal, gepeld en ontdarmd Avocado-plakjes, om te serveren
- 2 hardgekookte eieren, fijngehakt Verse korianderblaadjes, om te serveren Knapperig brood, om te serveren

Routebeschrijving

a) Hak de knoflook fijn, snijd de ui in plakjes en snijd de tomaten, bleekselderij, komkommer en courgette in blokjes. Gooi alle knoflook, alle ui, de helft van de overige in blokjes gesneden groenten en de olie in de kom van een keukenmachine of, als je wilt, een blender.

b) Schenk de azijn erbij en voeg de suiker, hete saus, zout en peper toe. Giet tot slot 2 kopjes tomatensap erbij en meng goed. Je hebt in principe een tomatenbasis met een mooie confetti van groenten.

c) Giet het gemengde mengsel in een grote kom en voeg de andere helft van de in blokjes gesneden groenten toe. Roer het door elkaar. Roer dan de resterende 2 kopjes tomatensap erdoor. Proef en zorg dat de kruiden goed zijn. Pas zo nodig aan. Zet indien mogelijk een uur in de koelkast.

d) Grill of bak de garnalen tot ze ondoorzichtig zijn. Opzij zetten. Schep de soep in kommen, voeg de gegrilde garnalen toe en garneer met plakjes avocado, ei en korianderblaadjes. Serveer met knapperig brood ernaast.

80. Ingelegde garnalen

Ingrediënten

- 6¾ kopjes water
- 2 eetlepels plus 2 theelepels koosjer zout
- 1 pond grote garnalen
- 10-12 dunne schijfjes citroen
- ¾ kopje zeer dun gesneden rode ui
- ¾ kopje zeer dun gesneden bleekselderij
- 2 theelepels zwarte peperkorrels
- 4 hele kruidnagels
- 4 gedroogde laurierblaadjes
- 1 takje verse dragon, fijngehakt
- ¾ kopje appelciderazijn
- 1 grote teen knoflook
- Extra vergine olijfolie, om erbij te serveren

a) Combineer 6 kopjes water en 2 eetlepels zout in een middelgrote pan op hoog vuur. Breng aan de kook, laat de garnalen in het water vallen en kook, vaak roerend, tot ze volledig gekruld zijn, ongeveer 2 minuten. Giet de garnalen af en spoel ze onder koud stromend water om het garen te stoppen. Laat ze uitlekken en afkoelen. Houd je aan de pot, want we zullen hem opnieuw gebruiken om de pekel te maken.

b) Combineer de garnalen, citroen, ui, selderij, peperkorrels, kruidnagel, laurierblaadjes en dragon in een middelgrote kom. Verpak het mengsel stevig in een weckpot van een kwart gallon.

c) Combineer de resterende 2 theelepels zout met de resterende $\frac{3}{4}$ kopje water, de azijn, de knoflook en de suiker in de middelgrote pan. Verwarm op hoog vuur tot het kookt, roer om de suiker en het zout te helpen oplossen. Giet de pekel

81. Gerookte Garnalen-Gevulde Tilapia

Serveert 5

Ingrediënten

5 ons (142 g) verse, gekweekte tilapiafilets

2 eetlepels extra vierge olijfolie

1 en ½ theelepel gerookte paprika

1 en ½ theelepel Old Bay-kruiden

Garnalen vulling

- 1 pond (454 g) garnalen, gekookt en ontdarmd
- 1 eetlepel gezouten boter
- 1 kop rode ui, in blokjes gesneden
- 1 kopje Italiaanse broodkruimels
- 1 kopje mayonaise
- 1 groot ei, losgeklopt
- 2 theelepels verse peterselie, gehakt
- 1 en ½ theelepel zout en peper

a) Neem een keukenmachine en voeg garnalen toe, hak ze fijn
b) Neem een koekenpan en zet deze op middelhoog vuur, voeg boter toe en laat smelten. Fruit de uien 3 minuten
c) Voeg gehakte garnalen toe met afgekoelde gesauteerde ui naast de overige ingrediënten vermeld onder ingrediënten voor de vulling en breng over naar een kom

d) Dek het mengsel af en laat het 60 minuten in de koelkast staan. Wrijf beide kanten van de filet in met olijfolie
e) Lepel₃kopje van de vulling aan de filet. Druk de vulling plat op de onderste helft van de filet en vouw de tilapia dubbel
f) Zet vast met 2 tandenstokers. Bestrooi elke filet met gerookte paprika en Old Bay-kruiden
g) Verwarm je roker voor op 400 graden Fahrenheit
h) Voeg uw favoriete houtpellets toe en breng de filets over naar een grillplaat met antiaanbaklaag
i) Breng 30-45 minuten over naar uw roker en roker totdat de interne temperatuur 145 graden Fahrenheit bereikt. Laat de vis 5 minuten rusten en smullen maar!

82. Cajun gekruide Gerookte Garnalen

Serveert 4

Ingrediënten

- 4 eetlepels olijfolie
- 1 eetlepel Cajun-kruiden
- 2 teentjes knoflook, fijngehakt
- 1 eetlepel citroensap
- Zout, naar smaak
- 2 lb (907 g) garnalen gepeld en ontdarmd

Combineer alle ingrediënten in een afsluitbare plastic zak. Gooi om gelijkmatig te coaten.

Marineer 4 uur in de koelkast. Zet de pitbaasgrill op hoog.

Verwarm het 15 minuten voor terwijl het deksel gesloten is. Rijg garnalen aan spiesjes.

Grill 4 minuten per kant. Garneer met partjes citroen.

83. Kielbasa Rookworst Garnalenmix

Serveert 12

Ingrediënten

- 3 lb. (1,4 kg) Garnalen (groot), met staarten, verdeeld.
- 907 g Kielbasa Rookworst
- 6 likdoorns in 3 stukken gesneden.
- 2 lb (907 g) Aardappelen, rood
- Oude Baai

Verwarm de grill voor op 135 ° F (135 ° C) met gesloten deksel.

Bak eerst de worst op de grill. Kook gedurende 1 uur.

Verhoog de temperatuur tot hoog. Kruid de mais en aardappelen met Old Bay. Rooster ze nu tot ze zacht zijn.

Kruid de garnalen met de Old Bay en bak 20 minuten op de grill.

Combineer de gekookte ingrediënten in een kom. Toss.

Breng op smaak met Old Bay en serveer. Genieten van!

84. Basilicum gerookte garnalen en scallop kebab

Opbrengst: 4 porties

Ingrediënt

- ½ kopje appelhoutsnippers
- ½ pond Grote garnalen
- ½ pond Zeeschelpen
- 1 kop gehakte verse basilicum

a) Week de appelhoutsnippers 1 uur in water.
b) Week vier 6-inch bamboespiesjes in water gedurende 15 minuten. Rijg de garnalen en sint-jakobsschelpen afwisselend aan elke spies.
c) Bekleed een wok of een braadpan met een rechte kant met een dubbele dikte van aluminiumfolie. Giet de appelhoutsnippers af en vermeng ze met de basilicum op de bodem. Plaats een laag rek dat de spiesen omhoog houdt, maar laat toch een deksel passen.
d) Leg de spiesjes over het rooster en dek de pan af. Als je een wok gebruikt, draai dan 2 natte handdoeken om de hoes; voor een braadpan, drapeer een natte handdoek over het deksel en zet stevig vast.
e) Rook de kebabs gedurende 15 minuten op middelhoog vuur. Haal de pan van het vuur en zet hem 5 minuten opzij voordat je hem blootlegt. Serveer onmiddellijk.

GEGRILDE KREEFT

85. Zoete gegrilde kreeftenstaarten

Ingrediënten:

- 12 kreeftenstaarten
- ½C olijfolie
- ¼ C vers citroensap
- ½ C boter
- 1 eetl. fijngestampte knoflook
- 1 tl suiker
- 1/2 tl zout
- ½ tl zwarte peper

Routebeschrijving:

a) Combineer citroensap, boter, knoflook, zout en peper op middelhoog vuur en mix tot alles goed gemengd is, houd warm.
b) Creëer een "koele zone" aan het ene uiteinde van de pelletgrill. Bestrijk de vleeskant van de staarten met olijfolie, leg ze op de grill en bak ze 5-7 minuten, afhankelijk van de grootte van de kreeftenstaart.
c) Bestrijk het vlees na het keren 2-3 keer met knoflookboter.
d) De schaal moet felrood zijn als ze klaar zijn. Verwijder de staarten van de grill en knip met een grote keukenschaar het bovenste deel van de schaal open.
e) Serveer met warme knoflookboter om te dippen.

86.Citroenboter Kreeftenstaarten

Ingrediënten:

- 4 (8-ounce) kreeftenstaarten, vers (niet bevroren)
- 1 kop (2 sticks) ongezouten boter, gesmolten, verdeeld
- Sap van 2 citroenen
- 1 theelepel gehakte knoflook
- 1 theelepel gedroogde tijm
- 1 theelepel gedroogde rozemarijn
- 1 theelepel zout
- 1 theelepel versgemalen zwarte peper
- Olijfolie, voor het invetten van het rooster
- $\frac{1}{4}$ kopje gehakte verse peterselie

Routebeschrijving:

a) Klop in een kleine kom de boter, het citroensap, de knoflook, de tijm, de rozemarijn, het zout en de peper door elkaar. Rijg elke kreeftenstaart met 1 eetlepel citroenboter.

b) Leg de staarten met de gespleten kant naar boven op het rookrek.

c) Rook de staarten gedurende 45 minuten tot 1 uur, bedruip elk met 1 eetlepel citroenboter tijdens het koken.

d) Verwijder de kreeftenstaarten en bestrooi met de peterselie en serveer met de resterende citroenboter om te dippen.

87. Zwarte lychee thee gerookte kreeft

Opbrengst: 4 porties

Ingrediënt

- 2 Maine kreeften
- 2 kopjes Witte rijst
- 2 kopjes bruine suiker
- 2 kopjes Black Lychee-thee
- 2 Rijpe mango
- ½ kopje Jicama stokken
- ½ kopje muntchiffonade
- ½ kopje Basilicum chiffonade
- 1 kopje mungbonendraadjes, geblancheerd
- Krab vissaus
- 8 Vellen rijstpapier

a) Verwarm de diepe hotelpan voor tot zeer heet. Voeg rijst, suiker en thee toe aan de diepe pan en leg de kreeft onmiddellijk in de ondiepe geperforeerde pan erop. Snel afsluiten met aluminiumfolie. Wanneer de roker begint te roken, rookt u de kreeft gedurende 10 minuten op laag vuur of tot hij gaar is. Koel de kreeft en snijd de staarten in lange reepjes.

b) Combineer jicama, munt, basilicum, bonendraad en meng met vissaus.

c) Week rijstpapier in warm water en leg een deel van het mengsel op het zacht geworden papier. Inleg gerookte kreeftenreepjes en mangoschijfjes. Rol op en laat 10 minuten staan. Wikkel de rollen afzonderlijk stevig in plasticfolie om ervoor te zorgen dat ze het vocht binnenhouden.

88. Gegrilde kreeft met basilicumolie

Opbrengst: 8 porties

Ingrediënt

- 1 kopje verse basilicumblaadjes
- 1½ kopje Olijfolie
- 8 Levende kreeften

a) Breng een middelgrote pan met water aan de kook. Voeg basilicum toe en blancheer 20 seconden. Droogleggen. Breng de bladeren over naar de processor en meng goed. Terwijl de machine nog draait, voegt u 1 kopje olie toe via de buis en mengt u tot een gladde massa.

b) Breng op smaak met peper en zout.

c) Bereid een hout- of houtskoolvuur voor en laat het afbranden tot sintels.

d) Steek voor de kreeften de punt van een groot koksmes net achter de kop van de kreeft. Snijd de onderkant van de kop tot de staart. Zorg ervoor dat u niet helemaal door de rugschaal snijdt. Spreid de helften uit elkaar.

e) Verwijder met je vingers of met een schilmesje het aderachtige darmkanaal dat langs de lengte van de kreeft loopt en gooi het weg.

f) Draai eerst de klauwen eraf en dan de staart. Verwijder de zachte binnenschaal van de staart. Bestrijk de kreeften met kopje olijfolie en breng op smaak met zout en peper.

g) Grill met de snijkant naar boven gedurende 20 minuten. Borstel wat basilicum over de kreeft. Serveer de resterende basilicumolie er apart bij.

89. Gegrilde kreeft met sinaasappel chipotle vinaigrette

Opbrengst: 1 porties

Ingrediënt

- Acht; (1 1/2-pond) levende kreeften
- ¾ theelepel Fijn geraspte verse sinaasappelschil
- 1 kopje vers sinaasappelsap
- ¼ kopje witte wijnazijn
- 1½ eetlepel Ingeblikte chipotle-pepers in adobo; of naar smaak
- 2½ theelepel Zout
- 1 theelepel Stevig verpakte bruine suiker
- 1 kopje Olijfolie
- 2 eetlepels Gehakte verse basilicumblaadjes
- Basilicum takjes

a) Breng voor kreeften een grote waterkoker (minstens 8 liter inhoud) voor driekwart water aan de kook.

b) Meng in een blender schil, sinaasappelsap, azijn, chipotles in adobo, zout en suiker tot chipotles fijn zijn gehakt. Voeg, terwijl de motor draait, langzaam olie toe. Vinaigrette kan tot dit punt 3 dagen van tevoren worden bereid en gekoeld, afgedekt. Breng de vinaigrette voor het serveren op kamertemperatuur.

c) Kook de kreeften gedeeltelijk in kokend water, 2 tegelijk, op hoog vuur 3 minuten en breng ze met een tang over in een vergiet om uit te lekken en af te koelen. (Zorg ervoor dat het water weer helemaal kookt voordat u elke partij kreeften toevoegt.) Als de kreeften voldoende afgekoeld zijn om te hanteren, verwijder dan de staarten en klauwen en gooi de lichamen weg.

d) Grill bereiden.

e) Grill de klauwen, indien nodig in porties, op een rooster van 5 tot 6 inch boven gloeiende kolen, af en toe draaiend, tot vloeistof aan het open uiteinde borrelt, 5 tot 7 minuten, en breng over naar een schaal.

f) Roer de basilicumblaadjes door de vinaigrette en bewaar $1\frac{1}{4}$ kopje in een kleine kan. Bestrijk het vlees in de kreeftenstaartjes met wat vinaigrette. Grill de staarten, met de vleeskant naar beneden, in porties indien nodig, 3 minuten. Draai de staarten met de vleeskant naar boven, bestrijk ze met meer vinaigrette en grill tot de sappen borrelen en het vlees mollig en ondoorzichtig is, 3 tot 5 minuten. Breng staarten over naar schotel.

g) Kreeft kan 2 uur van tevoren worden gegrild en afgekoeld, onbedekt, voor het koelen, afgedekt.

h) Serveer kreeft warm of gekoeld met achtergehouden vinaigrette en garneer met basilicumtakjes.

90.Gegrilde langoest met macadamianoten

Opbrengst: 4 porties

Ingrediënt

- 2 8-ounce langoesten; (steen kreeft)
- 2 eetlepels Pindaolie
- 8 ons bonendraadnoedels; (cellofaan noedels)
- 1 theelepel Sesamolie
- ½ kopje lente-uitjes; hoek-cut
- 5 eetlepels sojasaus
- 1½ eetlepel suiker
- ½ theelepel Verse gemberwortel; geraspt
- 1 theelepel Knoflook
- 1 theelepel Plantaardige olie
- 2 eetlepels Rode paprika; julienned
- 2 eetlepels Groene paprika; julienned
- 2 eetlepels Gele paprika; julienned
- 1 theelepel sesamzaadjes; zwart
- 1 theelepel sesamzaadjes; geroosterd

- 2 eetlepels Macadamia-noten; geroosterd, geplet
- 2 theelepels Furikake; garnering, optioneel
- 4 takjes verse koriander; garnering, optioneel

a) Bereid de gril voor. Bestrijk de kreeft met de arachideolie en gril ongeveer 5 minuten of tot hij gaar is. Verwijder het vlees; snijd het in blokjes en zet apart.

b) Breng een pan water aan de kook en kook de boondraadnoedels ongeveer 5 minuten of tot ze gaar zijn. Spoel af onder koud water, laat uitlekken en bewaar.

c) SAUS Verhit de sesamolie in een braadpan en bak de lente-uitjes 10-15 seconden op hoog vuur. Voeg snel de sojasaus, suiker, gember en knoflook toe. Roer door elkaar en haal onmiddellijk van het vuur. Opzij zetten.

d) Verhit de groenteolie in een braadpan en bak de paprika's 15 seconden op hoog vuur of tot ze zacht zijn. Opzij zetten.

e) PRESENTATIE Verwarm de gekookte boondraadnoedels zachtjes in de saus. Als de saus volledig is opgenomen door de noedels, de in blokjes gesneden kreeft toevoegen en van het vuur halen. Schep over op serveerschalen en garneer met de paprika, sesamzaadjes en mac-noten. Bestrooi desgewenst de furikake langs de rand van elk bord met koriandertakjes.

GRILELD OESTERS

91. Eenvoudige Gegrilde Oesters

Ingrediënten:

- 4 dozijn oesters, geschrobd
- Citroenpartjes
- 1 C boter
- 1 tl gekruid zout
- 1 tl citroenpeper

Routebeschrijving:

a) Verwarm de pelletgrill voor op 350F.
b) Smelt boter met gekruid zout en citroenpeper en meng goed. Laat 10 minuten sudderen.
c) Leg de oesters, ongepeld, op de pelletgrill.
d) Wanneer de schelpen openspringen (3-5 minuten), gebruik dan een oestermes om de oester los te maken van de bovenste schelp en plof hem terug in de beker met de hete oesterlikeur. Gooi het deksel weg.
e) Voeg een theelepel gekruide boter toe en serveer.

92. Knoflook Asiago Oesters

Ingrediënten:

- 1 pond zoete roomboter
- 1 eetl. gehakte knoflook
- 2 dozijn verse oesters
- ½ C. geraspte Asiago kaas
- Stokbrood, opgewarmd
- ¼ kopje bieslook, in blokjes gesneden

Routebeschrijving:

a) Start de pelletgrill en verwarm tot middelhoog.
b) Smelt boter op middelhoog vuur. Zet het vuur laag en roer de knoflook erdoor.
c) Kook 1 minuut en haal van het vuur.
d) Leg de oesters met het kopje naar beneden op de pelletgrill. Zodra de schelpen openspringen, van de grill halen.
e) Schud oesters en houd zoveel mogelijk van de oestervloeistof op zijn plaats.
f) Snijd de bindspier door en leg elke oester terug in zijn schelp.
g) Besprenkel elke oester met 2 theelepels botermengsel en bestrooi met 1 theelepel kaas. Grill op hoog vuur 3 minuten of tot de kaas bruin is. Bestrooi met bieslook.
h) Haal van de pelletgrill en serveer onmiddellijk met brood en de resterende boter ernaast.

93. Wasabi Oesters

Ingrediënten:

- 12 kleine Japanse oesters, rauw in de schaal 2 eetl. witte wijn azijn
- 8 oz witte wijn 1/4 C sjalotten, fijngehakt
- 2 eetlepels. wasabi-mosterd 1 eetl. sojasaus
- 1 C ongezouten boter, in blokjes 1 C gehakte korianderblaadjes
- Zout en zwarte peper naar smaak

Routebeschrijving:

a) In een pan, op middelhoog vuur, combineer de witte wijnazijn, wijn en sjalotten. Laat sudderen tot de vloeistof iets is ingekookt. Voeg al roerend wasabi-mosterd en sojasaus toe.
b) Roer op laag vuur geleidelijk de boter erdoor. Laat het mengsel niet koken. roer de koriander erdoor en haal van het vuur.
c) Kook de oesters tot de schelpen net opengaan. Haal de oesters van de pelletgrill en snijd de bindspier van de bovenste schaal,
d) Druk elke oester (in de schelp) in het grove zout om hem rechtop te houden, schep er 1-2 theelepels wasabi-botersaus over en serveer onmiddellijk.

94. Gekruide Gerookte Oesters

Ingrediënten:

- ½ kopje sojasaus
- 2 eetlepels Worcestershiresaus
- 1 kop stevig verpakte bruine suiker
- 2 gedroogde laurierblaadjes
- 2 teentjes knoflook, gehakt
- 2 theelepels zout en zwarte peper
- 1 eetlepel hete saus
- 1 eetlepel uienpoeder
- 2 dozijn rauwe, gepelde oesters
- ¼ kopje olijfolie
- ½ kopje (1 stok) ongezouten boter
- 1 theelepel knoflookpoeder

Routebeschrijving:

a) Meng in een grote bak het water, sojasaus, Worcestershire, zout, suiker, laurierblaadjes, knoflook, peper, hete saus en uienpoeder.

b) Dompel de rauwe oesters onder in de pekel en zet een nacht in de koelkast.

c) Leg de oesters op een grillmat met antiaanbaklaag, besprenkel met olijfolie en leg de mat in de rookoven.

d) Rook de oesters 1½ tot 2 uur tot ze stevig zijn. Serveer met de boter en knoflookpoeder.

95. Oesters en scheermessen

Opbrengst: 1 portie

Ingrediënt

- 2 dozijn oesters
- 2 dozijn scheermessen
- 2 eetlepels verse jalapeño pepers
- ½ kopje rode wijnazijn
- 2 eetlepels Suiker
- 1 theelepel Zout
- 2 eetlepels Rode ui; fijn gesneden
- 6 muntblaadjes; chiffonade

Routebeschrijving

a) Grill of barbecue voorverwarmen.

b) Schrob en maak oesters en scheermessen schoon en laat uitlekken

c) Doe in een kleine mengkom gehakte paprika, azijn, suiker, zout, ui en munt en roer door elkaar. Leg de schaaldieren op de grill en kook tot de schelpen opengaan. Verwijder en plaats op een schaal bedekt met steenzout. Plaats de dipsaus in het midden en serveer met cocktailvorken.

96. Eenvoudige Gegrilde Oesters

Ingrediënten:

- 4 dozijn oesters, geschrobd
- Citroenpartjes
- 1 C boter
- 1 tl gekruid zout
- 1 tl citroenpeper

Routebeschrijving:

a) Verwarm de pelletgrill voor op 350F.
b) Smelt boter met gekruid zout en citroenpeper en meng goed. Laat 10 minuten sudderen.
c) Leg de oesters, ongepeld, op de pelletgrill.
d) Wanneer de schelpen openspringen (3-5 minuten), gebruik dan een oestermes om de oester los te maken van de bovenste schelp en plof hem terug in de beker met de hete oesterlikeur. Gooi het deksel weg.
e) Voeg een theelepel gekruide boter toe en serveer.

GEGRILDE SARDINES

97. Stoofpotje van gegrilde sardientjes

Opbrengst: 4 porties

Ingrediënten

- 4 eetlepels olijfolie
- 1 kop gehakte uien
- 2 laurierblaadjes
- 1 zout; proeven
- 1 versgemalen zwarte peper; proeven
- ½ pond chorizoworst; 1/4 dik gesneden
- 12 hele teentjes knoflook; geschild, geblancheerd
- 1 kop geschild; gezaaid, gehakte verse tom
- ½ pond nieuwe aardappelen; in vieren gedeeld
- 2 theelepels gehakte verse tijmblaadjes
- 2 theelepels gehakte verse basilicum
- 2 theelepels gehakte verse peterselieblaadjes
- 1 liter kippenbouillon
- 16 verse sardientjes
- 16 houten spiesen; geweekt in water

a) Verhit in een grote pan op middelhoog vuur 2 eetlepels olie. Als de olie heet is, voeg je de uien toe. Plet met je handen de laurierblaadjes over de uien. Kruid met peper en zout.

b) Bak gedurende 8 minuten. Voeg de worst toe en bak nog 2 minuten mee. Voeg de knoflookteentjes en tomaten toe. Kruid met peper en zout. Sauteer gedurende 2 minuten. Roer de aardappelen en kruiden erdoor.

c) Voeg de kippenbouillon toe en breng de vloeistof aan de kook. Besprenkel de sardines met de resterende olijfolie. Kruid met peper en zout. Prik vier sardientjes op elke houten spies. Leg de spiesjes op de grill en bak ze 2 minuten aan elke kant.

d) Haal van de gril. Schep de stoofschotel in het midden van elke ondiepe kom om te serveren. Leg een spies sardines over de stoofpot en serveer.

98. Gevulde Sardines

Ingrediënten

- 14 grote (of 20 kleine sardientjes)
- 14-20 verse laurierblaadjes
- 1 sinaasappel, in de lengte gehalveerd en vervolgens in plakjes
- voor de vulling
- 50 g krenten
- 4 el extra vergine olijfolie
- 1 ui, fijngesnipperd
- 4 teentjes knoflook, fijngesneden
- snufje gemalen gedroogde pepers
- 75 g (3oz) vers wit broodkruim
- 2 el vers gehakte bladpeterselie
- 15 g ($\frac{1}{2}$oz) ansjovisfilets in olijfolie, uitgelekt
- 2 el kleine kappertjes, fijngehakt
- rasp van $\frac{1}{2}$ kleine sinaasappel, plus sinaasappelsap
- 25 g (1 oz) fijn geraspte Pecorino of Parmezaanse kaas
- 50 g pijnboompitten, licht geroosterd

a) Bedek voor de vulling de krenten met heet water en zet ze 10 minuten opzij om op te stijven. Verhit de olie in een koekenpan, voeg de ui, knoflook en geperste gedroogde pepers toe en kook 6-7 minuten zachtjes tot de ui zacht maar niet bruin is. Haal de pan van het vuur en roer de paneermeel, peterselie, ansjovis, kappertjes, sinaasappelschil en -sap, kaas en pijnboompitten erdoor. Giet de krenten goed af, roer erdoor en breng op smaak met peper en zout.

b) Lepel ongeveer 1½ eetlepel van de vulling langs het hoofdeinde van elke sardine en rol ze op naar de staart. Verpak ze stevig in de geoliede ondiepe ovenschaal.

c) Kruid de vis licht met peper en zout, besprenkel met nog wat olie en gril 20 minuten.

d) Serveer op kamertemperatuur of koud als onderdeel van een assortiment antipasti.

99. Gevulde Makreel

Serveert 4

- 4 makreel, schoongemaakt en schoongemaakt
- 40 g (1½oz) boter
- 1 tl basterdsuiker
- 1 tl Engelse mosterdpoeder
- 1 tl cayennepeper
- 1 tl paprika
- 1 tl gemalen koriander
- 2 el rode wijnazijn
- 1 tl versgemalen peper
- 2 tl zout
- voor de munt-tomatensalade
- 225 g (8oz) kleine tros-gerijpte tomaten, in plakjes
- 1 kleine ui, gehalveerd en zeer dun gesneden
- 1 el vers gehakte munt
- 1 el vers citroensap

a) Smelt de boter in een kleine braadslee. Haal van het vuur, roer de suiker, mosterd, kruiden, azijn, peper en zout erdoor en roer goed door elkaar. Voeg de makreel toe aan de gekruide boter en draai ze een of twee keer om totdat ze goed bedekt zijn met het mengsel, en spreid ook wat in de holte van elke vis. Leg ze op een licht geoliede bakplaat of het rooster van de grillpan en gril ze 4 minuten aan elke kant, tot ze gaar zijn.

b) Leg intussen voor de salade de gesneden tomaten, ui en munt op vier borden en besprenkel de lagen met het citroensap en wat kruiden. Leg de gekookte makreel ernaast en serveer, eventueel met wat gebakken aardappelschijfjes.

100.   Gezouten ansjovis of sardines

Ingrediënten

- 3 pond zeer verse ansjovis
- ⅔ kopje koosjer zout
- 2 kopjes extra vergine olijfolie
- 2 grote teentjes knoflook
- 1 theelepel rode pepervlokken

a) Spoel de filets dagenlang goed af. en leg ze in een enkele laag op schone keukenhanddoeken om volledig te drogen; droogdeppen tot het oppervlak glad is. De vis blijft, volledig ondergedompeld onder de olie en goed afgedekt, in de koelkast gedurende ten minste

b) Giet het zout in kleine omrande minimaal 4 maanden. Als je wilt, kun je, als het gerecht en elke visfilet in de vis wordt gedrukt, op beide dagen stevig in de olie staan, zodat het zout het volledig bedekt, kun je de zijkanten voorzichtig overbrengen. Verpak de visfilets er stevig in in een pot van een kwart gallon met een deksel

c) Dek af met plasticfolie en zet met de knoflook- en pepervlokken 12 uur in de koelkast.

CONCLUSIE

Wil je gasten versteld doen staan tijdens je zomerse kookfeestjes? Zeevruchten - van garnalen, sint-jakobsschelpen en kreeftenstaarten tot uw favoriete vis - zijn de perfecte manier om met weinig extra inspanning te pronken met uw grillvaardigheden. Versterk je zeevruchten naar keuze met smaakvolle marinades, kook ze snel boven een hete, goed geoliede grill en je kunt gewoon niet fout gaan.

www.ingramcontent.com/pod-product-compliance
Lightning Source LLC
Chambersburg PA
CBHW070646120526
44590CB00013BA/853